BAND 2

300 JAHRE GRÄFE UND UNZER

ILLUSTRIERTE CHRONIK DES VERLAGES VON 1950 BIS 2022

GEORG KESSLER

MIT BEITRÄGEN VON

JOACHIM RAU

JÖRDIS SCHMID-MEIL

HARTWIG SCHNEIDER UND

JAN WIESEMANN

INHALTSVERZEICHNIS

VORBEMERKUNG

BRUCHLINIE MIT TRADITION: SORTIMENTSBUCHHANDLUNG UND VERLAG

Das äußere Scharnier zum ersten Teil der Jubiläumsschrift bilden die frühen Ratgeber des Verlages aus dem sogenannten „Königsberger Kabinett", mit dem die vorliegende Fortsetzung eröffnet wird. Bei diesem Kabinett handelt es sich um einen Raum im Verlagsgebäude in der Grillparzerstraße, in dem Archivalien und historische Dokumente zur Verlagsgeschichte ausgestellt werden, die von Hofstötter bei seiner Auslagerung gerettet worden waren oder später antiquarisch erworben werden konnten. Die Titelblätter und Buchcover der Ratgeberliteratur aus der Zeit vor 1955 mögen als Brücke dienen.

Das innere Scharnier knüpft an die Darstellung der Eigentumsverhältnisse am Ende des ersten Bandes an: Die vorliegende Chronik widmet sich fast ausschließlich der Verlagsgeschichte des modernen Ratgeberverlages Gräfe und Unzer, dessen Trennung von der Buchhandlung sich seit 1955 zum fünften Mal in der Geschichte des Verlages abzuzeichnen begann und dann 1975 vollzogen wurde. Im Mittelpunkt stehen nicht nur die Umgestaltung zum reinen Ratgeberverlag mit völlig andersgeartetem Programmprofil und Gesicht als die vorangegangenen 250 Jahre, sondern auch der neue Wirtschaftstypus von Verlag, der dem angestammten Programmprofil bewusst entsagte, um sich in seiner Konzentration auf die gesellschaftliche Anschlussfähigkeit neu zu erfinden. Dass er dabei die für die Literatursoziologie bedeutsame Prägung eines Markenartiklers anzunehmen wusste und schließlich Benchmark wurde, war in seinen Genen seit den 1970er Jahren angelegt.

Georg Kessler

DIE FRÜHEN RATGEBER BEI GRÄFE UND UNZER

Heinrich Hessens
Teutscher Gärtner,
Das ist,
Eine gründliche Vorstellung,
Wie nach nothwendiger zubereitung des erdreichs unter
unserm teutschen climate
ein
Lust-Küchen- und Baum-Garten
füglich anzurichten,
Und darinnen allerhand, sowol fremde als einheimische
Blumen/Kräuter/Gewächse und Bäume
zu erziehen, zu warten und zu vermehren sind,
Aus eigener langwieriger erfahrung zusammen getragen, mit
raren anmerckungen und verschiedenen kupffern versehen und
in vier bücher abgetheilet.

Königsberg und Leipzig,
verlegts Christoph Gottfried Eckart, 1740.

Das erste Gartenbuch Eckarts: Heinrich Hessens Teutscher Gärtner *von 1740 – die Neuausgabe eines bekannten Gartenratgebers, der vier Bände vereinte, 54 Pflanzenabbildungen enthielt und erstmals 1690 erschienen war. „Das ist, Eine gründliche Vorstellung, Wie man nach notwendiger zubereitung des erdreichs unter unserem teutschen climate ein Lust-Küchen-und Baum-Garten füglich anzurichten, und darinnen allerhand, so wohl fremde, als einheimische Blumen, Kräuter, Gewächse und Bäume zu erziehen, zu warten und zu vermehren sind, Aus eigener, langwieriger erfahrung zusammen getragen, mit raren anmerckungen und verschiedenen kupffern versehen und in vier bücher abgetheilet.“*
Das Titelblatt, nach damaligen Gepflogenheiten eher ein Kurztext, verspricht nutzenorientierte Information für den privaten Gebrauch – eine frühe Vorwegnahme der modernen Ratgeberdefinition in der aktuellen Warengruppensystematik.

Nützlicher
Zeitvertreib
auf dem
Kranken- und Sterbebette,
in geistreichen Betrachtungen
über
einige dahin abzielende biblische Machtsprüche,
ausgefertiget
von
M. Michael Lilienthal,
Dienern des göttlichen Worts, der Käyserl. Akademie zu Petersburg
Profess. Honorario, der Königl. Preuß. Societät zu Berlin Mitgliede,
und Königsbergischen Bibliothecario.

Verbesserte Auflage.

Königsberg und Leipzig,
Bey Johann Heinrich Hartung.
1753.

Der erste Ratgeber zur Lebenshilfe: Lilienthals Nützlicher Zeitvertreib auf dem Kranken- und Sterbebette *erscheint 1753 bei Hartung.*

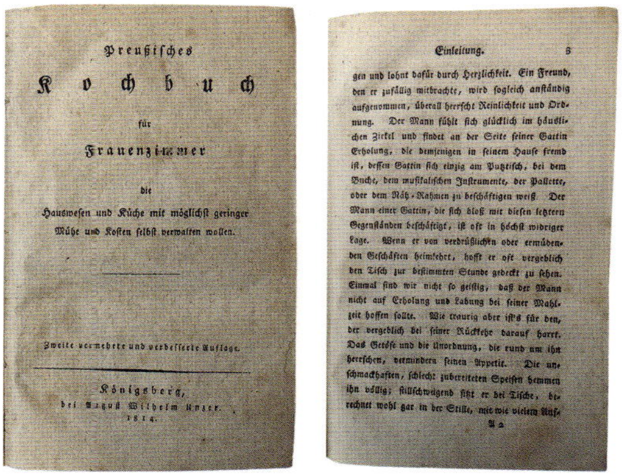

Preußisches
Kochbuch
für
Frauenzimmer
die
Hauswesen und Küche mit möglichst geringer
Mühe und Kosten selbst verwalten wollen.

Zweite vermehrte und verbesserte Auflage.

Königsberg,
bei August Wilhelm Unzer.
1814.

Einleitung. 3

gen und lohnt dafür durch Herzlichkeit. Ein Freund, den er zufällig mitbrachte, wird sogleich anständig aufgenommen, überall herrscht Reinlichkeit und Ordnung. Der Mann fühlt sich glücklich im häuslichen Zirkel und findet an der Seite seiner Gattin Erholung, die demjenigen in seinem Hause fremd ist, dessen Gattin sich einzig am Putztisch, bei dem Buche, dem musikalischen Instrumente, der Pallette, oder dem Näh-Rahmen zu beschäftigen weiß. Der Mann einer Gattin, die sich bloß mit diesen letztern Gegenständen beschäftigt, ist oft in höchst widriger Lage. Wenn er von verdrüßlichen oder ermüdenden Geschäften heimkehrt, hofft er oft vergeblich den Tisch zur bestimmten Stunde gedeckt zu sehen. Einmal sind wir nicht so geistig, daß der Mann nicht auf Erholung und Labung bei seiner Mahlzeit hoffen sollte. Wie traurig aber ist's für den, der vergeblich bei seiner Rückkehr darauf harrt. Das Getöse und die Unordnung, die rund um ihn herrschen, vermindern seinen Appetit. Die unschmackhaften, schlecht zubereiteten Speisen hemmen ihn völlig; stillschweigend sitzt er bei Tische, berechnet wohl gar in der Stille, mit wie vielem Auf-
A 2

Das erste Kochbuch Unzers wird 1805 publiziert: Preußisches Kochbuch für Frauenzimmer die Hauswesen und Küche mit möglichst geringer Mühe und Kosten selbst verwalten wollen.

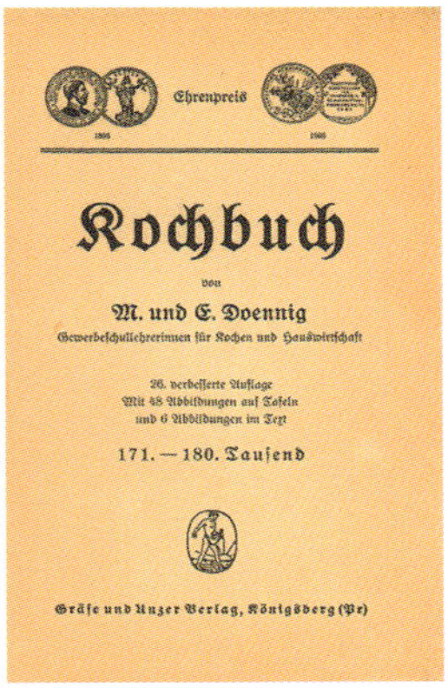

Die Doennig, *der „Küchenklassiker aus Ostpreußen", erschien erstmals 1901 im Selbstverlag – die erste Auflage von 1.000 Exemplaren war sofort vergriffen. Gräfe und Unzer sicherte sich die Rechte und schraubte den Absatz über viele Auflagen hinweg auf mehrere hunderttausend Exemplare hoch. Im Bild Umschlag und Titelseite der 26. Auflage von 1940; die 38. Auflage erscheint 1977 und ist bis 1984 im Programm des Verlages, bevor der Titel an den Würzburger Rautenberg Verlag verkauft wird.*

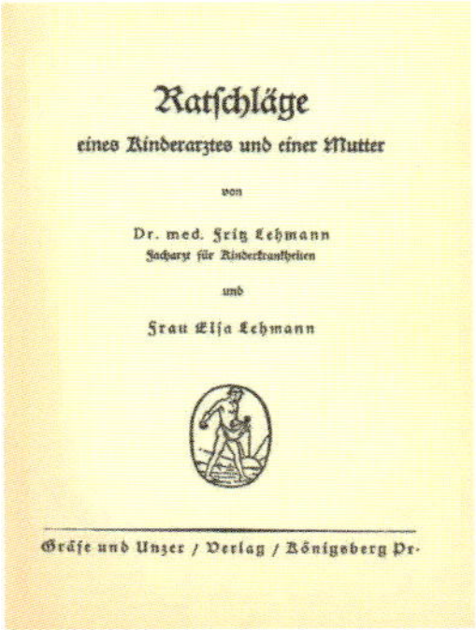

1932 werden die Ratschläge eines Kinderarztes und einer Mutter *publiziert, der erste Kinderratgeber bei Gräfe und Unzer.*

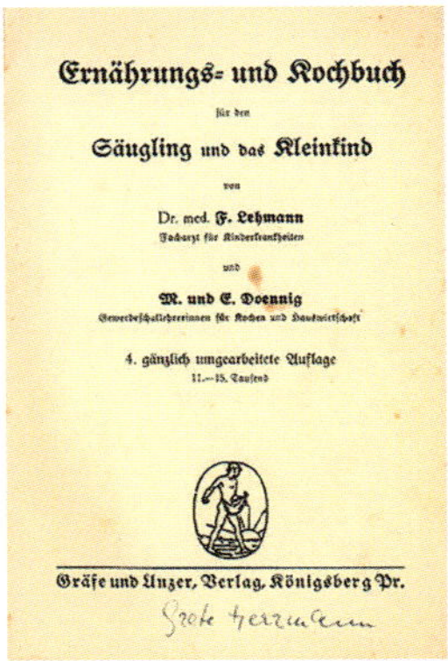

Der Urahn des heutigen Küchenratgebers Kochen für Babys *erscheint 1934 mit dem* Ernährungs- und Kochbuch für den Säugling und das Kleinkind.

19
50

19
67

„

HARTUNG × KANTER – PAETSCH – PRELINGER

Wollte man die Scheitelpunkte der Geschichte Gräfe und Unzers bestimmen, so wären sie untrennbar mit dem Erbe und Wirken dieser Namen verknüpft. Kurt Forstreuter hat in seiner Jubiläumsschrift von 1932 die Fortune der Firma auf die Formel gebracht: „Gräfe und Unzer ist eine Firma des 18. und des 20. Jahrhunderts, nicht des 19. Jahrhunderts."[1] Kurt Prelinger wird diesen Befund 50 Jahre nach Paetsch eindrucksvoll bestätigen. Weniger die direkte Erblinie – nur zweimal in der 300-jährigen Geschichte geht der Verlag vom Vater auf den Sohn über –, als vielmehr Persönlichkeiten von außen prägen ihr Geschick und ihre Zukunft. Während die ersten drei Namen den Mythos der Buchhandlung Gräfe und Unzer schöpfen, sorgt Prelinger für den entscheidenden konzeptionellen Impuls und kognitiven Schub beim Buchverlag Gräfe und Unzer.

EPOCHENSCHWELLEN

„Die Verbindung zwischen Gottlieb Leberecht Hartung und Kanter spielt in diesem Zusammenhang natürlich eine besondere Rolle, da letzterer nicht zur juristischen Ahnenreihe zu zählen ist und einen Parallelstrang verkörpert, der aber wie eine zweite Wurzel zur Firmenhistorie gehört. Die Symbiose mit Kanter ist der strukturelle organische und atmosphärische Katalysator für Gräfe und Unzer: Durch den Erwerb seines Geschäftshauses durch Hartung gingen der unsterbliche Teil seiner Sortimentsbuchhandlung, ihr Genius loci, in der DNA von Gräfe und Unzer auf. Hatte Kanter es vermocht, seinen Laden zum Treffpunkt der Königsberger Gelehrtenwelt zu machen und dem literarischen Feld das Tor zu öffnen, so ist er letztlich an seinen hochfliegenden Plänen gescheitert. Er mag genialische Züge besessen haben, gerierte sich aber nur allzu gerne als Hansdampf in allen Gassen. Später werden die Chronisten die Brücke zwischen Kanter und Paetsch schlagen, der den „ihm an Genialität Ebenbürtige(n) übertrifft (...), weil sich in ihm in glücklicher Weise die Gaben des Organisators, des großen Kaufmanns und des idealen Buchhändlers vereinigen.“[2]

Die Symbiose mit Kanter verleiht dem Unternehmen einen strukturellen Schub.

Marketingpionier und Gründervater

Paetsch war ein ausgezeichneter Manager. Er hatte früh erkannt, dass Kundenorientierung und Servicequalität der Buchhandlung entscheidende Voraussetzungen für die Zukunftsfähigkeit der Firma sein würden und richtete seine Bewirtschaftung danach aus: Er war Marketingpionier und Visionär einer Sortimentsgestaltung, die Kriterien einer modernen Ladeninszenierung vorwegnahm, die dann 50 Jahre später ein westdeutscher Buchhändler als Innovationsleistung für sich reklamieren wollte.[3] Paetsch hat das Sortimentsmarketing verstanden und praktiziert, bevor dieses als Disziplin existierte. Otto Paetsch wird Gräfe und Unzer zur größten und modernsten Buchhandlung in Deutschland entwickeln.

Kurt Prelinger läutete die neue Ära der Verlagsgeschichte ein – er ist der Gründervater des modernen Gräfe und Unzer Buchverlages. Sein verlegerischer Instinkt und seine Innovationskraft verliehen dem Programm einen Schub, der den Verlag binnen 30 Jahren an die Spitze der populären Ratgeberverlage katapultierte. Die Transformation vom konservativ-nostalgischen Heimatverlag für Vertriebene der ehemaligen ostdeutschen Provinzen zum nach soziologischen Erkenntnissen und zeitgenössischen Lese- und Konsumbedürfnissen ausgerichteten Verlagshaus ging einher mit einem neuen Wirtschaftstypus von Verlag, der in den Maximen der zielgruppenorientierten Programmstrategie und des selbst geschöpften Rechtefundus bis heute tiefe Spuren in der deutschen Verlagslandschaft hinterlassen hat. Prelingers Produktinnovationen waren einem ästhetischen Gestaltungsanspruch verpflichtet, der im literarischen Feld der Ratgeberliteratur Maßstäbe setzte und die Grundlage für ein Markenbewusstsein schuf, das bis zum heutigen Tag die strategische Grundausrichtung des Verlages prägt.

Die Nachfrage nach Bildbänden über Ostpreußen und Schlesien sichern dem Verlag in den Nachkriegsjahren das Überleben. Meist handelt es sich um Neu- und Nachauflagen in Königsberg produzierter Titel. Im Bild die Neuausgabe von Ostpreußen – Unvergessene Heimat *von 1952.*

NEUANFANG IN GARMISCH-PARTENKIRCHEN UND BAD WIESSEE

Abgesehen von der Spezialisierung auf Ostpreußen, auf das landeskundliche Programm und die zeitgenössische ostpreußische Literatur seit den 1930er Jahren, war Gräfe und Unzer bis zur zweiten Hälfte des 20. Jahrhunderts kein bedeutender Verlag. Allerdings waren dem eigenverantwortlichen verlegerischen Schaffen, das mit den beiden Verlagsleitern Dikreiter und Hofstötter zum ersten Mal systematische Züge angenommen hatte, zur Zeit des Nationalsozialismus enge Grenzen gesetzt. Und so wird von Kurt Prelinger heute in der Rückschau ausdrücklich das jäh unterbrochene verlegerische Wirken Philipp Hofstötters gewürdigt.

Nur wenig ausgeprägte verlegerische Ambitionen.

Das Haus bediente bestimmte Kundenwünsche, die vergangenheitsorientiert und in der ostpreußischen Heimat verwurzelt waren. Koch hatte anders als Hofstötter kaum weitergehende verlegerische Ambitionen, als diesen zu entsprechen. Letzterer hatte Kochs Verantwortung für das Programm bereits 1943 ganz offen relativiert: „Genau so wenig ich mir die kaufmännischen (…) Fähigkeiten zutraute, einen so vielseitigen Betrieb zu leiten, wie Sie es zu tun haben, genauso wenig glaube ich, daß Sie den Verlag so gestaltet haben würden, wie ich es getan habe (…). Der Verlag aber, wie er heute ist, hat mein Gesicht. Jeder sieht und weiß das."[4] Kochs Anspruch auf ein konturiertes Verlagsprofil hielt sich nach wie vor in Grenzen – er betrieb sein Geschäft als Reaktion auf nostalgische Bedürfnisse.

Miniaturausgabe der Königsberger Vorgängerin

Der Neuanfang, den Koch mit seiner Buchhandlung in Partenkirchen startet, nimmt sich gegenüber dem Haus der Bücher mit seinen über 160 Mitarbeitern notgedrungen äußerst bescheiden aus. In einem einzigen Verkaufsraum mit nur drei Angestellten beginnt Koch im April 1950, das Erbe Gräfe und Unzers aufleben zu lassen. Er übernimmt vom damals 86-jährigen Ulrich Vermehren die Buchhandlung Leonhard Wenzel, ein Sortiment mit angeschlossener Versandabteilung und betraut Erich Niemer, einen ehemaligen Königsberger Mitarbeiter, mit der Geschäftsführung. In der Ankündigung der Geschäftsaufnahme formuliert er seine Firmenphilosophie 1950 in der Tagespresse: „Wir werden bemüht sein allen Freunden des guten Buches aufs beste zu dienen und bitten um Ihr Vertrauen. Eine mehr als 200-jährige Tradition in der einst größten Sortimentsbuchhandlung Deutschlands mit 180 Mitarbeitern verpflichtet zu dieser Leistung (...). Diese Tradition wollen wir in dem uns verbliebenen bescheidenen Rahmen fortsetzen."[5]

WENZEL'S BUCHHANDLUNG (U. VERMEHREN)

seit 1. April 1950 von uns übernommen, wurde umgebaut und soeben neu eröffnet.

Wir führen die älteste Buchhandlung Partenkirchens unter unserer in Königsberg/Pr. 1722 gegründeten Firma fort und firmieren:

GRÄFE UND UNZER

(vorm. Wenzel's Buchhandlung)

Wir werden bemüht sein allen Freunden des guten Buches aufs beste zu dienen und bitten um Ihr Vertrauen. Eine mehr als 200 jährige Tradition verpflichtet zu bester Leistung, die wir versprechen. 34 jährige buchhändlerische Erfahrung des Inhabers, dem erfahrene, langjährige Mitarbeiter seines Königsberger Hauses – einst Europas größte Sortiments-Buchhandlung mit 180 Mitarbeitern – zur Seite stehen, bürgen für sach- und fachgemäße Beratung.

In unserem Königsberger Haus gingen Bücherfreunde ein und aus, um sich neue und alte Bücher zwanglos an unseren Lesetischen anzusehen. – **Um zu schmökern.** – Diese Tradition wollen wir in dem uns verbliebenen bescheidenen Rahmen fortsetzen, und bitten alle Bücherfreunde von Garmisch-Partenkirchen und dem Werdenfelser Land in unsere neuzeitlich eingerichtete Buchhandlung zu kommen zur **unverbindlichen Besichtigung** unserer Bücherauslagen.

Unsere Leihbücherei wird völlig neu aufgebaut und soll den Wünschen der Leser gerecht werden. Sie wird eine besondere Abteilung für die **Jugend** erhalten.

Wir führen, wie schon bisher die Wenzel'sche Buchhandlung auch alle **Schreibwaren für den Privatbedarf und für die Schulen.** Unsere Auswahl wird groß und preisgünstig sein. Bitte decken Sie Ihren Bedarf an Schreibmaterialien bei uns. Sie unterstützen und fördern dadurch unsere Buchhandlung, die wir als die Hauptaufgabe unseres Unternehmens betrachten, deren Sinn und Zweck es sein wird dem Buche zu dienen. Und wer dem Buche dient, der dient der Welt.

GRÄFE UND UNZER

einst das Haus der Bücher in Königsberg/Pr., gegründet 1722

Garmisch-Partenkirchen, Ludwigstraße 39

Geschäftsankündigung Kochs in der Lokalpresse anlässlich der Übernahme von Wenzel's Buchhandlung in Garmisch 1950.

Gräfe und Unzer in Garmisch-Partenkirchen, Ludwigstrasse 39, nach der Übernahme von Wenzel's Buchhandlung. Der Schwerpunkt des Geschäftes liegt nicht auf dem Sortiment, sondern auf der angeschlossenen Versandbuchhandlung.

Von der Struktur her ist die neue Buchhandlung eine Miniaturausgabe der Königsberger Vorgängerin: Neben dem Sortiment des Ladengeschäfts, das „eine den Erfordernissen des weltbekannten Sommer- und Winterkurortes Garmisch-Partenkirchen"[6] entsprechende Auswahl an Titeln vorhalten soll, gibt es eine Versandabteilung und eine Leihbücherei, darüber hinaus ist eine Schreibwarenabteilung angeschlossen. Hauptumsatzträger des Geschäfts ist nicht das Ladengeschäft, sondern die Versandbuchhandlung.

KURT PRELINGER UND DER BLICK DURCH DIE MILCHGLASSCHEIBE

Nach der Lizenzerteilung kurbelt Koch auch die Verlagstätigkeit wieder an: 1951 nimmt er das Buchgeschäft in Bad Wiessee (Tegernsee) in der Jägerstraße auf und setzt die Programmtradition fort. Neben Romanen, Erzählungen und Sachtiteln ostpreußischer und schlesischer Autoren, oft Nachauflagen bereits erschienener Bände, werden unter dem stilisierten Logo des alten Kanterschen Adlers vor allem Bildbände, Anthologien, Mundart- und Humortitel sowie Kalender verlegt. Auch die *Doennig*, die nach wie vor zu den Bestsellern des Hauses zählt, wird weitergeführt, ebenso der erfolgreiche Bildband *Ostpreußen – Unvergessene Heimat* und Heinz Sielmanns *Vögel über Haff und Wiesen.* Der Reflex auf die angestammten Programmlinien ist keine schlechte Geschäftsidee, hilft sie doch dem neugegründeten Verlag, die ersten Nachkriegsjahre wirtschaftlich zu überleben.

Auf der Suche nach einem passenden Nachfolger als Verleger entscheidet sich Koch im Jahre 1955 für Kurt Prelinger. Er sei gewissermaßen nur „zweite Wahl"[7] gewesen, sagt dieser später, weil Koch ursprünglich einen Mitbewerber bevorzugt hatte, der jedoch absagte. Prelinger war damals 24 Jahre alt, entstammte dem jüdischen Akademikermilieu in Wien und hatte eine Ausbildung zum Druckingenieur abgeschlossen. Ein Psychologie- und Kunstgeschichtsstudium hatte er abgebrochen und seit zwei Jahren Erfahrungen als Hersteller beim Österreichischen Bundesverlag in Wien gesammelt,[8] bevor er auf Kochs Stellenanzeige

Doennigs Kochbuch *zählt weiterhin zu den Säulen des Verlagsprogramms in den 50er Jahren. Hier ein Lesezeichen von 1952.*

im Börsenblatt aufmerksam wurde. Der Verlag beschäftigt zu dieser Zeit einen Hersteller und eine Sekretärin, die auch für die Versandbuchhandlung tätig sind. Mit einem Koffer kommt Prelinger als „Gastarbeiter“[9] in Bad Wiessee an, und Koch muss für ihn erst einmal eine Aufenthaltsgenehmigung besorgen.

Beginn des Lizenzgeschäftes

Bereits 1956 startet Prelinger mit *Farbige Welt* eine Bildbandreihe, die europäischen Kunstmetropolen gewidmet ist und ausgewählte Texte berühmter Reisender enthält. Diese ersten überhaupt mit Farbfotos (auf 24 Tafeln) ausgestatteten Bände werden in sieben Länder lizensiert – der Beginn der Rechteverwertung bei Gräfe und Unzer, welche zusätzliche Erlöse generiert. Der Erfolg inspiriert ihn, in den kommenden Jahren den neuen Programmschwerpunkt „Städte und Länder“ ins Leben zu rufen. Dann beginnt er sich den ersten Ratgebern zuzuwenden und publiziert zu Angelsport und Camping. Rückblickend kommentiert er seine Programmüberlegungen wie folgt: „Mir wurde immer klarer: Wenn man überhaupt noch Marktlücken entdecken konnte, dann in Bereichen, die sich aus soziologisch schon absehbaren Gründen noch stark entwickeln würden. Nämlich im Freizeitbereich, im Hobbybereich – Dinge, die in den fünfziger Jahren ja noch gar nicht deutlich waren.“[10]

Der Wiener Kurt Prelinger, geboren 1931, ist als Hersteller beim Österreichischen Bundesverlag beschäftigt, als ihm Kochs Stellenanzeige im Börsenblatt auffällt. Am 10. Mai 1955 tritt er in den Verlag ein und wird am 1. Juli 1961 Mitgesellschafter. In kürzester Zeit beweist er sein Gespür für die Verlegerei und stößt mit Produktinnovationen die Tür zur Zukunft weit auf. Ohne seinen konzeptionellen Impuls wäre der Verlag Mittelmaß geblieben.

Prelinger bezeichnet die Phase zwischen 1955 und 1965 heute rückblickend als „Jahre des Experimentierens, im Grunde ist es keine Geschichte, sondern ein Abenteuer, das der Verlag ohne die Konstellation Koch – Prelinger nicht überlebt hätte.“[11] Er erinnert dabei an die Tatsache, dass Koch im Grunde Buchhändler und kein Verleger war und diese Aufgabe nolens volens mitverantwortet hat. Das Verhältnis zwischen beiden war professionell-gut, aber nicht frei von Spannungen, vor allem mit Blick auf die künftige strategische Ausrichtung des Verlages.[12] Dem traditionell denkenden, eher ambitionsfreien Koch, der wegen Nürnberger Immobilien über einen gewissen Wohlstand verfügte, stand der innovationsfreudige, experimentierwillige Prelinger gegenüber, den

Auf Initiative Prelingers zieht der Verlag 1956 von Bad Wiessee nach München-Nymphenburg in die Hubertusstraße 4 um und wird Untermieter beim Langen Müller Verlag. Prelinger erkennt, dass das urbane Umfeld für die programmatische Weiterentwicklung essenziell ist.

die Zukunft des Verlages umtrieb. Eine einvernehmliche Verschiedenheit, deren dialektische Grundspannung in der Geschäftsführung das Salz in der Suppe der Aufbaujahre war. Die offenen „Laborbedingungen" befeuerten Risikobereitschaft und Gestaltungsanspruch. Heute betont Prelinger, dass ihn insbesondere die „relative Start-up-Situation gereizt (habe), die ihm eigene Entwicklungsmöglichkeiten eröffnete."[13]

1961 zieht sich Konsul Koch im Vertrauen auf seinen Nachfolger weitgehend zurück, um nur noch beratend zur Seite zu stehen. 1962 wechselt der Verlag seinen Standort in die Isabellastraße 32 in München-Schwabing. Dort begründet Prelinger 1964 mit Arne Krügers *Spezialitäten aus aller Welt* das moderne Kochbuchprogramm. Das inhaltlich und gestalterisch von gängigen Kochbüchern grundlegend abweichende, ansprechend aufgemachte Werk wird unter die 50 schönsten deutschen Bücher gewählt.

Die völlig neuartige und aufwändig in Halbleinen ausgestattete Bildbandreihe Farbige Welt *(ab 1956) wird in sieben Länder lizensiert und bildet den Auftakt der Publikationen in der Vierfarb-Welt des Verlages, die den Ratgebermarkt revolutionieren sollten.*

SAUERTEIG DER ERKENNTNIS: ÄSTHETIK

Wollte Prelinger bei der Fülle an lieferbaren Kochbüchern reüssieren und diese nicht nur einfach duplizieren und außerdem Marktlücken ausmachen, musste er deren konzeptionelle Eigenschaften durchdringen, aufdecken und neu interpretieren: Er erkannte, dass Benutzerfreundlichkeit und Gelinggarantie entscheidende Kriterien des Erfolges sein würden, um aus der Masse der Kochbücher herausragen zu können.

Dazu kam ein Zweites: der „Liebreiz der Ware", also die Ästhetik der formalen Umsetzung und Darreichungsform. Jeder Verlag hatte damals irgendein Kochbuch im Programm, so vor allem die ernsthaftesten Konkurrenten Gräfe und Unzers – Heimeran, Mary Hahn, Dr. Oetker und der Platzhirsch Falken Verlag aus Wiesbaden –, „aber alle vernachlässigten die Ästhetik."[14] Der Textpoetik des Ratgebers stellte Prelinger eine visuelle Poetik zur Seite, die die gattungsspezifische Ambiguität des Genres aufwertete. Beide konzeptionellen Leitmotive – Praktikabilität der Anwendung und ästhetisches Wohlgefallen – sicherten Gräfe und Unzer in den Folgejahren einen Wettbewerbsvorsprung, der den Verlag die Marktführerschaft im Kochbuchbereich erringen ließ.

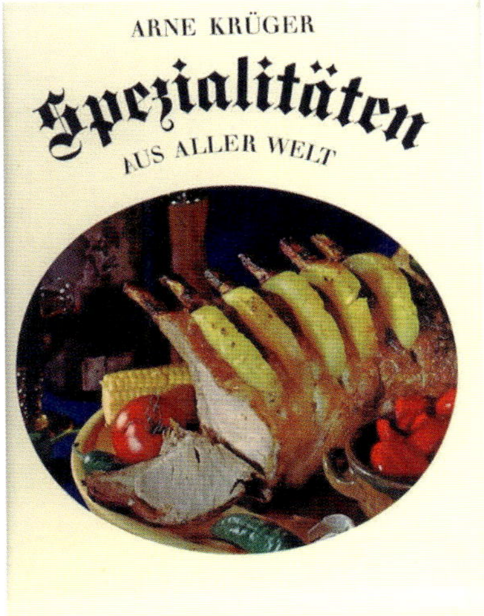

Auf Anhieb wird die erste Kochbuch-Initiative Prelingers ein Erfolg: Arne Krügers Spezialitäten aus aller Welt *von 1964 (49,- DM) wird von der Stiftung Buchkunst als eines der schönsten deutschen Bücher ausgezeichnet und erhält die Goldmedaille der Gastronomischen Akademie Deutschlands.*

19
68

19
74

WEICHENSTELLUNGEN

Prelingers Gestaltungsanspruch beginnt Früchte zu tragen. Um weitere Ernten einfahren zu können, muss das Feld neu abgesteckt werden. Seine Bemühungen um eine neue „Bild-Grammatik“ und Formensprache der Bücher lenken seinen Blick vom Kochbuch auf verwandte Ratgebergenres, die mit Beginn der 1970er Jahre vom Verlag strategisch bedient werden. Dazu gesellen sich Produktinnovationen, deren Darreichungsform zunächst misstrauisch beäugt wird, die dann aber im Schulterschluss mit dem legendären Tandemkonzept völlig neue Absatzmärkte erschließen und den Grundstein für den Aufschwung des jungen Ratgeberverlages legen.

À LA CARTE IN DIE ZUKUNFT

Der Erfolg von *Spezialitäten aus aller Welt* inspiriert Prelinger zu einer kleinen Spezialitäten-Reihe, deren Auftakt *Marion Lindt serviert ostpreußische Spezialitäten* (1964) und *Hanna Grandel serviert schlesische Spezialitäten* (1965) bilden. Anschließend zeichnet Arne Krüger, der international berühmte Küchenchef und Herausgeber der ersten deutschen Gourmet-Zeitschrift *Der Feinschmecker*, für die nächste durchschlagende Produktidee Prelingers als Autor verantwortlich: *Arne Krügers Kochkarten,* die ab 1967 über den Ladentisch gehen und deren 51 Sets, millionenfach verkauft, einen Umsatzanteil von 70 Prozent erzielen werden. 1968 dann, die Schlagzahl erhöht sich, erscheint mit Ulrich Klevers *Steakbuch* der erste Titel der *Feinschmecker-Kochbücher,* die auf 20 Bände anwachsen werden. Damit ist das Fundament für den führenden Kochbuchverlag gelegt. Arne Krüger und der beliebte Fernsehkoch Ulrich Klever werden zu den idealtypischen Autoren des jungen Ratgeberverlages.

Die Kundenbindung über Heimatliteratur erstreckt sich bis Mitte der 1960er Jahre auch auf Kochbücher, deren Themen nostalgische Bedürfnisse befriedigen.

Trotz anfänglich ablehnender Haltung des Handels („Wir wollen euren Spielkram nicht, wir wollen Bücher, die vorne anfangen und hinten aufhören"[15]) treibt Prelinger die Idee voran: 16 abwaschbare Kochkarten im Postkartenformat zählen zu einem Themen-Set, auf jeder einzelnen Karte wird ein Rezept vorgestellt, für dessen fertiges Gericht der bekannte Food-Fotograf Christian Teubner exklusiv die Farbfotos beisteuert. Bis 1976 erscheinen 51 Sets in Geschenkverpackung, ein Steadyseller, der das Kochbuchprogramm des Verlages entscheidend beflügelt.

NUTZENVERSPRECHEN UND ALLEINSTELLUNGSMERKMALE

Kreativität bei den Produkttypen ist ein wesentlicher Treiber der Programmentwicklung und mündet regelmäßig in den Geschmacksmusterschutz der Verlagserzeugnisse. Nach den Kochkarten wendet Prelinger das formale Prinzip auch auf den Gartenbereich an und veröffentlicht mit *Hansens Gartenkarten* praktische Sets, mit deren Karten durch spielerische Kombination Pflanz- und Farbaspekte der gärtnerischen Gestaltung simuliert werden können. „Wir wollten immer etwas machen, was es noch nicht gab. Die entscheidende Frage, die wir uns stellten, war stets: ‚Wodurch können wir Alleinstellung erreichen'?"[16]
Einen großen Anteil am Erfolg dieser Darreichungsform hat Heinz Kraxenberger, der zu dieser Zeit als Werber bei GU angestellt ist. Abgerundet wird die Palette des Produkttyps schließlich ab 1970 mit *Krügers Mixkarten (Long Drinks* und *Drinks ohne Alkohol)* und *Neuwirths Pistenkarten,* deren Schiebeboxen jeweils 12 doppelseitig bedruckte Karten der beliebtesten alpinen Ski-Abfahrten mit Schwarz-Weiß-Fotos, Geländeskizzen, Streckencharakter, Pistenqualität und Informationen zu Verkehrslage und Gastronomie enthalten (z. B. *Westliches Oberbayern mit Zugspitze, Dammkar, Brauneck, Wallberg).*

Hansens Gartenkarten *setzen die Erfolgsgeschichte der Kochkarten fort. „Die praktische Gartenhilfe“ bestand darin, die auf einzelnen Karten abgebildeten Zierpflanzen wie beim Set* Vielerlei Rosen *nebeneinander auslegen zu können, um so die optische Wirkung bei der Kombination der Blütenfarben erkennen und so die Auswahl der Pflanzen festlegen zu können. Das Thema „Colour round the year“ dominiert die Reihe, in der insgesamt neun Sets erscheinen, darunter auch der Indoor-Titel* Blühende Zimmerpflanzen.

Neuwirths Pistenkarten *vervollständigen die Darreichungsform der praktischen Kartensets.*

◀ *Der Buchhandel winkt erneut ab: „Nicht noch mehr Kochbücher, es gibt davon schon mehr als genug“. Doch mit den* Feinschmecker-Kochbüchern *entwickelt der Verlag seit 1968 erstmals im benutzerfreundlichen quadratischen Format inhaltlich fokussierte Rezeptbücher zu Nischenthemen, die von den etablierten Konkurrenten vernachlässigt worden waren, aber offensichtlich stark nachgefragt wurden. Die Reihe sorgt für den finanziellen Durchbruch: Deutscher Bücherbund und Club Bertelsmann lizensieren die Titel, international erscheinen viele Übersetzungen. Die Gesamtauflage geht in die Hunderttausende.*

EXPANDIERENDE VERTRIEBS-POLITIK

Auch im Vertrieb beschreitet der Verlag neue Wege. Seit Juli 1965 als Vertriebsleiter in der Firma, entdeckt Dieter Banzhaf das Absatzpotenzial für Kochbücher im Küchen- und Hausratsfachhandel. Banzhaf, damals 27 Jahre alt und nach Stationen bei Bertelsmann und Hanser zu Gräfe und Unzer gestoßen, schickt sich an, ein bedeutsames Kapitel für die gesamte deutsche Verlagsgeschichte aufzuschlagen. Getreu seinem Motto „Wir gehen dahin, wo unsere Kunden sind", sollen Bücher auch dort angeboten werden, wo der Kunde beim Erwerb eines Fondue-Topfs oder einer Mikrowelle etwa das Bedürfnis nach Inspiration oder Rat zuallererst empfindet. Als *Software* sollen sie die *Hardware* im sogenannten Nebenmarkt komplettieren.

Vertriebswege: Tandemkonzept

Vertriebsinnovation: Bücher bilden die Software zur Hardware im Nebenmarkt.

Der Erfolg der Kochkarten im Buchhandel beflügelt die Überlegungen der Geschäftsführung, deren Absatzpotenziale über das Sortiment hinaus auszuweiten: Banzhaf startet in einem Münchner Rosenthal-Studio einen Testlauf mit den Karten-Sets, der so durchschlagend ist, dass er die strategische Vertriebsausrichtung des Verlages revolutionieren sollte. Was mit Kochkarten gelang, sollte später auch mit dem kompletten Ratgeberprogramm funktionieren: Kochbücher im Hausratsfachhandel, Tierbücher in Zoogeschäften, Gartenbücher in Gartencentern und Ratgeber Gesundheit in Apotheken.

1968 gründet Banzhaf das Tochterunternehmen Banzhaf Verlag, eine Vertriebsorganisation unter dem Dach von Gräfe und Unzer. Die Software-Hardware-Idee setzt sich sehr schnell durch und prägt als Tandemkonzept die Vertriebsstrategie bis zum Beginn des 21. Jahrhunderts: Der Fachhandel wird dann einen Umsatzanteil von 30 Prozent erwirtschaften.

Teile des Buchhandels reagieren auf diese expandierende Vertriebspolitik zurückhaltend, weil sie Umsatzeinbußen fürchten. Die nächste strategische Vertriebsentscheidung, die der Verlag fällt, ist 1969 die Gründung der Auslieferung Verlegerdienst München, den die Verlage Hanser, Urban & Schwarzenberg, Gräfe und Unzer und R. Oldenbourg gemeinsam ins Leben rufen (interne Bezeichnung HUGO, nach den Initialen der beteiligten Gründungsverlage), um die Logistikdominanz von KNO und VVA zu vermeiden und bei den Vertriebskanälen kundennäher operieren zu können.

„Ikone des Marketing" wurde er in Branchenkreisen genannt: Dieter Banzhaf, der legendäre Vertriebs- und Marketingchef, stößt 1965 als Verkaufs- und Werbeleiter zu Gräfe und Unzer. In ihm findet Prelinger einen kongenialen Mitstreiter, der 1975 in die Geschäftsführung von Gräfe und Unzer aufsteigt und dort für Vertrieb und Marketing verantwortlich zeichnet (links im Bild mit Klaus Britting, Anfang der 1970er Jahre Werbe- und Presseleiter des Verlages).

Der Test im Hausratsfachhandel ist der Startschuss für das Tandemkonzept, das die strategische Vertriebsausrichtung des Verlages in der Zukunft prägen wird und völlig neue Absatzmärkte erschließt.

Der Banzhaf Verlag, die „Vertriebsgesellschaft für Ratgeber in den nichtbuchhändlerischen Fachhandel" unter dem Dach von Gräfe und Unzer, ist zunächst auf das Kochbuch spezialisiert und wird später auch von Fremdverlagen in Anspruch genommen, was Banzhaf zur Wettbewerbsbeobachtung zu nutzen weiß. Hier das Gesamtverzeichnis von 1987/88, in dem neben GU auch die Verlage ZS, Falken, Südwest, Mosaik, Hädecke, Hölker, Christian und Econ gelistet sind.

250 JAHRE – EINE GESCHICHTE MIT JANUSGESICHT

Als Bernhard Koch 1970 auf der Rückreise von der Frankfurter Buchmesse bei einem Autounfall tödlich verunglückt, verliert der Verlag seinen Seniorchef. Kurt Prelinger zahlt seine Erben in den darauffolgenden Jahren aus und übernimmt das Unternehmen als Alleininhaber. 1972 begeht Gräfe und Unzer sein 250. Jubiläum, anlässlich dessen Prelinger in der von ihm und Joachim Schondorff herausgegebenen Festschrift auf die wechselvolle Geschichte des Traditionshauses aus Buchhandlung und Verlag hinweist. „Unsere Fortuna trägt einen Januskopf. (…) Nur zweimal in 250 Jahren ging die Firma vom Vater auf den Sohn über. Und doch ist eine innere Kontinuität da, von Generation zu Generation weitergegeben in der Kette der Verantwortlichen: der Wille zum Aufbau und zur sinnvollen Funktion für die Gesellschaft."[17]

„Unsere Fortuna trägt einen Januskopf" schreibt Kurt Prelinger in der Jubiläumsschrift von 1972 und fügt in seinem Begleitschreiben an Geschäftsfreunde und Kunden hinzu: „Ein einzigartiges Lebensgefühl ist das für ein Unternehmen: sich jung zu fühlen und dabei 250 Jahre alt zu sein."[18]

Das Kochbuchprogramm des Verlages im Jubiläumsjahr 1972 („Farbiger Beilagenprospekt").

Die Firma ist zu diesem Zeitpunkt nach wie vor in die Bereiche Verlag und Buchhandlung gegliedert und beschäftigt etwa 40 Mitarbeiter. Mit der Vorbereitung seines Programms „Familie und Umwelt“ setzt Prelinger einen neuen Produktionsschwerpunkt, der die Zielsetzung für das kommende Jahrzehnt verdeutlicht: Publikation und Verbreitung „beratender Sachbücher“ – der branchenpolitische Konsens zum Begriff „Ratgeber“ keimt erst auf – zur Lebensgestaltung. Zum Jubiläum erfolgt der Startschuss, und Gräfe und Unzer bereichert sein Programm um die Segmente Gesundheit und Natur.[18] In der Gesundheit erscheinen von nun an Ratgeber zu Fragen der Medizin, der Psychologie und der allgemeinen Lebenshilfe. Im nicht minder zukunftsträchtigen grünen Bereich publiziert der Verlag nicht nur Tier- und Pflanzenratgeber, sondern auch Naturführer. Was motivierte Prelinger zu dieser Sortimentserweiterung? Dieter Banzhaf hat dessen unternehmerische Initiative 25 Jahre später anknüpfend an die soziologische Verankerung des Hauses folgendermaßen charakterisiert: „Herr Prelinger hat nie gefragt: ‚Welche Bücher mache ich?‘ So fragen viele Verleger ja heute noch. Sondern seine Maxime war: ‚Was will der Kunde‘?“[19]

Arne Krüger steuert zum Jubiläum Deutsche Spezialitäten nach Großmutters Art *bei, ein nach kulinarischen Landschaften gegliedertes Kochbuch, das Alltags- und Festtagsküche zusammenträgt.*

Zeit ist Geld: Die praktische Schnellküche *von Sybille Schall richtet sich an Fortgeschrittene, die bei knappem Zeitbudget nicht auf Qualität verzichten wollen. 2–5-Minuten-Rezepte nennt die Autorin „Blitz-Metamorphosen“, bei denen mit wenigen Zutaten und etwas Phantasie im Handumdrehen ein leckerer Imbiss gezaubert werden kann.*

BACKLIST UND SERIENREIFE

Prelingers Überzeugung, das Programm bedarfsgestützt nach Kundenwünschen zu modellieren, war dem aufkeimenden Verständnis für Kundenbindung geschuldet, das in den Folgejahren elementar für den Markenkreislauf wurde. Der Verlag versuchte seine Kundschaft aus den – später so bezeichneten – „sozialen Zentren des Lebens“ zu rekrutieren, die sich Anfang der 1970er Jahre um Ernährung, Gesundheit und Natur zu gruppieren begannen, zu denen sich dann noch Familie, Partnerschaft und Lebenshilfe gesellten. Die Wertekongruenz zwischen Verlag und Kundschaft war dabei hinreichende Bedingung. Bei der Metamorphose zum Markenartikler fungierte der Verlag zunehmend als Generator eines Energiekreislaufes, der über die Kundschaft als Aggregator geschlossen wurde.[20]

Serienreife von Produktzyklen

Bei Prelingers Programminitiativen spielten auch Überlegungen zum gezielten Aufbau einer stabilen Backlist eine zentrale Rolle, denn der formale Aufwand bei der Produktion bedingte eine Vorinvestition, die sich nur über die Serienreife mehrerer Produktzyklen amortisieren ließ. Das wirtschaftliche Fundament des Verlages war entscheidend von einer erfolgreichen Backlistentwicklung geprägt, die zur Sicherung der Ertragskraft vorkostenbereinigte Nachdrucke mit wenig Aktualisierungsaufwand in hohen Stückzahlen ermöglichen sollte. Die Geschichte der *Doennig* gab die Richtung vor. Prelinger war klar, dass das programmatische Augenmerk auf langlebige Substanzen gerichtet sein musste, die das verlegerische Risiko minimierten und damit eine hohe Planungssicherheit bedeuteten. Auf der Ebene der strategischen Planung und überspitzt formuliert: Nicht die Novitäten würden über die wirtschaftliche Stärke entscheiden, sondern die Backlist, weshalb diese die ökonomische Relation zwischen beiden dominieren würde.

Der Fokus liegt auf langlebigen Substanzen.

Das Erfolgskonzept der Nachdrucke

Diese Determinante war der entscheidende Unterschied zu frontlistgeprägten Belletristik- und Publikumsverlagen, die alle halbe Jahre neu erfunden werden mussten und deren Novitäten das lieferbare Programm regierten. Natürlich minderte dieser Stellenwert nicht den Innovationsdruck auf die Novitätenplanung, da sich eine solide Perspektive dauerhaft nur über erfolgreiche Neuerscheinungen, die ständig den Nachschub für das Energie- und Leistungszentrum der Backlist sicherstellten, behaupten konnte. Der Münchner Verleger musste also seine Entscheidung für Innovationen nicht nur am Gestaltungsanspruch ausrichten, sondern immer auch auf den Bogen der Backlistfähigkeit spannen, um die Lebensdauer der Titel zu prolongieren und damit wirtschaftlich Stärke zu erzielen. Die Backlist-Nova-Quote wurde zu einer der wichtigsten Kennziffern der strategischen Steuerung und lag später über alle Programme hinweg bei dauerhaft gesunden 70 : 30 Prozent.

Hochpreisige Kochbücher bestimmen das Frühjahrsprogramm 1973. Liselotte Lichtenfelds Die gesunde Küche für Feinschmecker *(39,- DM) enthält 250 Rezepte mit 44 Farbabbildungen sowie Tageskostpläne, Nährwert- und Kalorientabellen.* Der große Pellaprat, *das Vermächtnis des legendären französischen Küchenchefs Henri-Paul Pellaprat, erscheint als Lizenz. Das kulinarische Standardwerk der französischen Küche wird zum Preis von 98,- DM angeboten.*

Auch Regionalia werden noch gepflegt. Der bairische Wirtshausführer *trägt Informationen zu 150 gehobenen Gasthäusern zusammen und enthält im Anhang neben einem Kapitel „Küchen-Bayerisch“ eine kleine „Bier-Epistel“.*

„TCHIBO-EKLAT“ – MIT TURBO AM PRANGER, MIT URKNALL IM MARKT

Auf das Jubiläumsjahr folgt der Skandal! Der Kaffeeröster Tchibo, auf den Ratgeber-Newcomer aus Bayern aufmerksam geworden, schlägt ein Koppelgeschäft aus Buch und Kaffee in Form eines Buch-Plus-Produktes vor. Beim Trägervehikel soll es sich um das 700 Rezepte umfassende, 55,- DM teure *Kochen heute – Feinschmeckers großes Grundkochbuch* handeln, das nun für 8,05 DM zu haben sein und zusammen mit 500 g Kaffee im Zweierpack zum Sensationspreis von 15,95 DM angeboten werden soll. Zuvor hat Gräfe und Unzer den Ladenpreis aufgehoben und sich dazu verpflichtet, die Logistik über die Filialbestückung abzudecken. Am Original-Logo auf dem Cover wird bewusst festgehalten, was zum Entzündungsherd der Entrüstung werden wird, die Verkehrsgeltung der Marke aber entscheidend erhöhen sollte. Tchibo bestellt von der Sonderausgabe die schwindelerregende Höhe von 800.000 Exemplaren – und Prelinger und Banzhaf gehen auf den Handel ein.

Buchhandel, Konkurrenz und das Feuilleton gehen auf die Barrikaden.

Innerhalb von sechs Wochen ist das Set vergriffen, ein gigantischer Verkaufserfolg, der den Umsatz des Verlages mit einem Schlag von vier auf acht Millionen DM verdoppelt, Gräfe und Unzer gleichzeitig aber in die legendäre „Tchibo-Affäre“ stürzt, die der Reputation des Hauses zunächst empfindlich schadet. Der Buchhandel unterstellt Brunnenvergiftung, es kommt zu Boykottaufrufen und Hausverboten für die Vertreter. Dieter Banzhaf reist wochenlang durch Deutschland, um Abbitte zu leisten. Die

Während die Aktion mit dem Hamburger Kaffeeröster die „Tchibo-Affäre“ ausgelöst hatte und eine Welle der Empörung über Gräfe und Unzer hereingebrochen war, sprachen Kenner später vom „Urknall des Kochbuchmarktes“, der dem ganzen Segment Auftrieb gegeben hatte: „In Wirklichkeit wirkte das ‚Tchibo‘-Kochbuch wie eine Initialzündung, die den größten Kochbuch-Boom auslöste, den man sich vorstellen konnte. (...) Welcher Sortimenter ist heute so ehrlich und dankt Gräfe und Unzer für seine mutige Tat?“[21]

Krise schweißt Prelinger und Banzhaf zusammen: „Als die Bombe platzte und der Buchhandel einstimmig und mithilfe der militanten ARDEG aufschrie und Harenberg anrief und sagte ‚Herr Prelinger, machen Sie Ihren Laden zu, verkaufen können Sie ihn sowieso nicht mehr‘ – da habe ich das erste Mal gemerkt, dass ich mich vor Sie stellen muß, weil die Emotionalität der Angriffe Ihre Seele verletzte.“[22]

Prelinger gelingt es schließlich, sich mit dem Börsenverein zu verständigen und leistet einen „Goodwill“-Betrag für die branchenweite Werbekampagne „mehr Bücher kaufen“ als Wiedergutmachung. Dieser finanzielle Ablasshandel hat ihn kaum belastet: Die Erlöse aus der Tchibo-Aktion eröffnen ihm vielmehr völlig neue Investitionsmöglichkeiten.

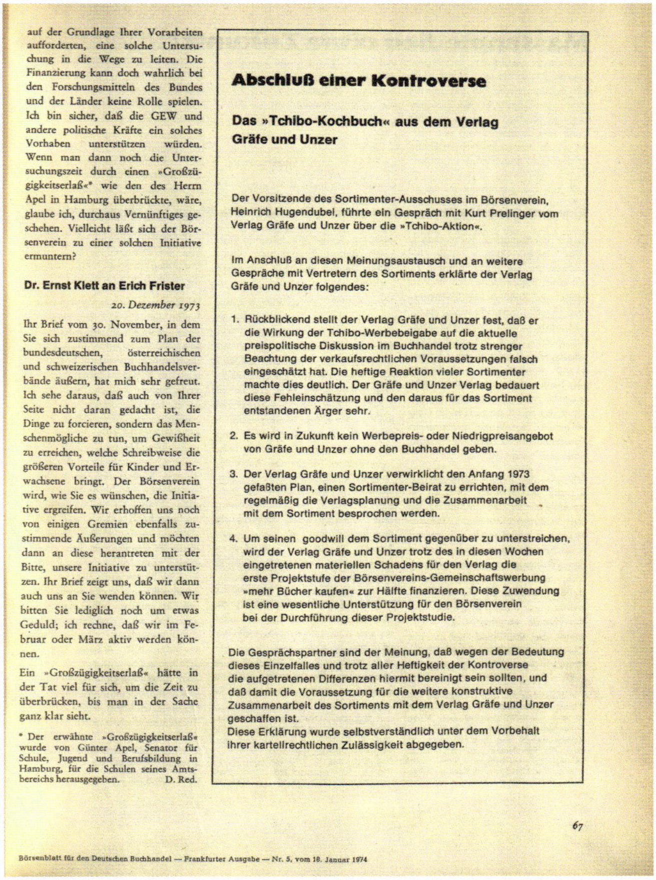

auf der Grundlage Ihrer Vorarbeiten aufforderten, eine solche Untersuchung in die Wege zu leiten. Die Finanzierung kann doch wahrlich bei den Forschungsmitteln des Bundes und der Länder keine Rolle spielen. Ich bin sicher, daß die GEW und andere politische Kräfte ein solches Vorhaben unterstützen würden. Wenn man dann noch die Untersuchungszeit durch einen »Großzügigkeitserlaß«* wie den des Herrn Apel in Hamburg überbrückte, wäre, glaube ich, durchaus Vernünftiges geschehen. Vielleicht läßt sich der Börsenverein zu einer solchen Initiative ermuntern?

Dr. Ernst Klett an Erich Frister

20. Dezember 1973

Ihr Brief vom 30. November, in dem Sie sich zustimmend zum Plan der bundesdeutschen, österreichischen und schweizerischen Buchhandelsverbände äußern, hat mich sehr gefreut. Ich sehe daraus, daß auch von Ihrer Seite nicht daran gedacht ist, die Dinge zu forcieren, sondern das Menschenmögliche zu tun, um Gewißheit zu erreichen, welche Schreibweise die größeren Vorteile für Kinder und Erwachsene bringt. Der Börsenverein wird, wie Sie es wünschen, die Initiative ergreifen. Wir erhoffen uns noch von einigen Gremien ebenfalls zustimmende Äußerungen und möchten dann an diese herantreten mit der Bitte, unsere Initiative zu unterstützen. Ihr Brief zeigt uns, daß wir dann auch uns an Sie wenden können. Wir bitten Sie lediglich noch um etwas Geduld; ich rechne, daß wir im Februar oder März aktiv werden können.

Ein »Großzügigkeitserlaß« hätte in der Tat viel für sich, um die Zeit zu überbrücken, bis man in der Sache ganz klar sieht.

* Der erwähnte »Großzügigkeitserlaß« wurde von Günter Apel, Senator für Schule, Jugend und Berufsbildung in Hamburg, für die Schulen seines Amtsbereichs herausgegeben. D. Red.

Abschluß einer Kontroverse

Das »Tchibo-Kochbuch« aus dem Verlag Gräfe und Unzer

Der Vorsitzende des Sortimenter-Ausschusses im Börsenverein, Heinrich Hugendubel, führte ein Gespräch mit Kurt Prelinger vom Verlag Gräfe und Unzer über die »Tchibo-Aktion«.

Im Anschluß an diesen Meinungsaustausch und an weitere Gespräche mit Vertretern des Sortiments erklärte der Verlag Gräfe und Unzer folgendes:

1. Rückblickend stellt der Verlag Gräfe und Unzer fest, daß er die Wirkung der Tchibo-Werbebeigabe auf die aktuelle preispolitische Diskussion im Buchhandel trotz strenger Beachtung der verkaufsrechtlichen Voraussetzungen falsch eingeschätzt hat. Die heftige Reaktion vieler Sortimenter machte dies deutlich. Der Gräfe und Unzer Verlag bedauert diese Fehleinschätzung und den daraus für das Sortiment entstandenen Ärger sehr.
2. Es wird in Zukunft kein Werbepreis- oder Niedrigpreisangebot von Gräfe und Unzer ohne den Buchhandel geben.
3. Der Verlag Gräfe und Unzer verwirklicht den Anfang 1973 gefaßten Plan, einen Sortimenter-Beirat zu errichten, mit dem regelmäßig die Verlagsplanung und die Zusammenarbeit mit dem Sortiment besprochen werden.
4. Um seinen goodwill dem Sortiment gegenüber zu unterstreichen, wird der Verlag Gräfe und Unzer trotz des in diesen Wochen eingetretenen materiellen Schadens für den Verlag die erste Projektstufe der Börsenvereins-Gemeinschaftswerbung »mehr Bücher kaufen« zur Hälfte finanzieren. Diese Zuwendung ist eine wesentliche Unterstützung für den Börsenverein bei der Durchführung dieser Projektstudie.

Die Gesprächspartner sind der Meinung, daß wegen der Bedeutung dieses Einzelfalles und trotz aller Heftigkeit der Kontroverse die aufgetretenen Differenzen hiermit bereinigt sein sollten, und daß damit die Voraussetzung für die weitere konstruktive Zusammenarbeit des Sortiments mit dem Verlag Gräfe und Unzer geschaffen ist.
Diese Erklärung wurde selbstverständlich unter dem Vorbehalt ihrer kartellrechtlichen Zulässigkeit abgegeben.

67

Börsenblatt für den Deutschen Buchhandel — Frankfurter Ausgabe — Nr. 5, vom 18. Januar 1974

Gang nach Canossa. Der Abschluss der Kontroverse anlässlich der „Tchibo-Affäre“ mit Buchhandel und Börsenverein, am 18. Januar 1974 im Börsenblatt abgedruckt: Prelinger bedauert seine Fehleinschätzung der Aktion mit Blick auf die Preisbindungsdiskussion, verspricht, künftig kein Niedrigpreisangebot ohne den Buchhandel zu machen und leistet als Wiedergutmachung einen finanziellen Beitrag zur branchenübergreifenden Werbekampagne „mehr Bücher kaufen“.

„DU KAUFST, WAS DU SIEHST.“ DAS BUCH VON SEINER BESTEN SEITE

Der Weg von GU zur Marke führt in der Handelskommunikation zunächst über die schlichte Notwendigkeit, Produktreihen in ihrer ganzen Vielfalt im Buchhandel sichtbar zu machen und verkaufsfördernd zu inszenieren. Erst durch die Frontalpräsentation in den eigens für die Reihen entwickelten Verkaufsdisplays gelingt es, die Aufmerksamkeit der Kunden auf die große Themenbreite der Serien zu lenken und sie zu spontanen Impulskäufen zu animieren.

Die Geburtsstunde produktbezogener Sonderplatzierungen ist Anfang der 70er Jahre die Entwicklung eines praktischen „Verkaufs-Drehständers“ für *Arne Krügers Kochkarten*. Wahlweise auf drei oder fünf Etagen können 180 oder 300 Serien übersichtlich und verkaufsfördernd präsentiert werden. Das Display verspricht einen leichten Zugriff zu jeder Serie in jeder Etage, ist auf allen Ebenen drehbar und besitzt zur Freude des Sortimenters sogar „nicht quietschende Druck-Kugellager“. Um den Drehständer breit zu distribuieren, werden Kosten und Versand durch Freistücke für den Händler ausgeglichen. Nach dem Einsatz farbiger Verkaufsboxen, den so genannten „Schnellverkaufshelfern“ für die Regal- oder Zweitplatzierung, entwickelt der Verlag Mitte der 80er Jahre den ersten „Bodendrehständer“ für die *Küchenratgeber*, einem speziell zur Präsentation dieses Ratgeberformats entwickelten Verkaufsmöbel mit sechs Leitern à sechs passgenauen Fächern zu je zehn Exemplaren, das im Wahrnehmungswettbewerb einen entscheidenden Vorteil erringt.

Mit zielgruppenspezifischen Anpassungen in der Produktgestaltung wird der Lebenszyklus der Erfolgsreihe immer wieder verlängert. Die inhaltliche und optische Überarbeitung durch Relaunchs in den Jahren 1990, 1997, 2002, 2006, 2013 und 2018 führt auch bei den Verkaufsdisplays hinsichtlich Kapazität und Ästhetik zu ständigen Verbesserungen. Bei einem dauerhaften Jahresbestand von rund 3.000 Drehsäulen auf der Fläche im Buch- und Fachhandel summiert sich deren Gesamtproduktion über die Jahrzehnte auf ca. 50.000 Dis-

„Bodendrehständer“ für die Küchenratgeber, *1987 (6 Leitern à 6 Fächer à 10 Exemplare = 360 Exemplare).*

plays. Die Vorteile überzeugen irgendwann fast jeden Händler: Bei geringem Platzbedarf erzielt er eine überdurchschnittliche Flächenproduktivität, die je nach Frequenz am Standort mit einer deutlich höheren Lagerumschlagsgeschwindigkeit (LUG) einhergeht. So wird im Shop 314 am Terminal 1 des Münchner Flughafens 2012 eine Spitzen-LUG von über sechs erreicht, d. h. die komplette Befüllung der beiden Drehsäulen mit 380 Expl. bzw. 240 *Küchenratgeber* oder *Ratgeber Gesundheit* verkauft sich alle zwei Monate und erzielt damit einen Umsatz von 80.000,- € zu Ladenverkaufspreisen.

Ein weiterer Vorzug: Die Drehsäulen sind mobil und flexibel einsetzbar. Vor den Geschäften werden sie mitunter sogar als „Stopper" direkt in der Fußgängerzone platziert.

Nach der Änderung des § 25 der Apothekenbetriebsordnung beginnt der Verlag 1994 sein in der Schublade liegendes Vertriebskonzept umzusetzen: Flächendeckend kommen in über 1.000 ausgewählten Apotheken die eigens für den neuen Vertriebskanal produzierten kleinen, nur mit vier Leitern bestückten „Einweg-Drehsäulen" zum Einsatz, um das jeweilige Potenzial des Standorts für die *Ratgeber Gesundheit* zu ermitteln.

Mit den nach der Jahrtausendwende stark expandierenden Filialisten Thalia und Hugendubel werden Vereinbarungen für den Einbau von Sägezahnwänden getroffen. Damit gelingt es, an über 400 Standorten dauerhaft eigene „Shop-in-Shop"-Systeme zur Forcierung der Basisreihen *Küchenratgeber* und *Ratgeber Gesundheit* in den vorhandenen Ladenbau zu integrieren.

Unter den Ratgebern haben sich keine anderen Reihen über die Jahrzehnte auch nur annähernd so erfolgreich im Bewusstsein der Verbraucher etabliert. Aus Markterhebungen ist bekannt, dass 60 bis 70 Prozent der Umsätze durch Impulskauf, also durch absichtsloses Stöbern und Entdecken generiert werden. Ein Trost für den stationären Handel in Zeiten des E-Commerce.

Jan Wiesemann

„Sägezahnwand" für Küchenratgeber *bei Hugendubel, München, Marienplatz, 2021.*

19
75

19
89

FORMALER AVANTGARDISMUS

1975 wird Gräfe und Unzer zum Marktführer im Kochbuchsegment und löst den Falken Verlag ab. Prelinger läutet die Pionierphase der Markenbildung ein, indem er sich von der Stangenware verabschiedet und zur Maßkonfektion übergeht. Grundlage dafür sind ausgefeilte redaktionelle Konzepte, die ausnahmslos intern entwickelt werden, sowie ästhetische Standards, die Gräfe und Unzer langfristig einen Distinktionsvorteil vor der Konkurrenz sichern. Das Trittsiegel des Ratgeberverlages gewinnt immer deutlichere Konturen in Richtung Markenartikler. Und mit der Konzentration auf die Kernsegmente Kochen, Gesundheit und Natur verleiht sich das Haus eine Identität, die das Programmgesicht bis heute nachhaltig prägt. Die neue strategische Grundausrichtung führt im selben Jahr auch zur Trennung von der Buchhandlung.

MASSKONFEKTION UND TRENNUNG

Die formale Differenzierung führt zur Konzentration auf Programmstärken.

Zu den vielleicht prägendsten und aufmerksamkeitsstärksten Programminitiativen Prelingers zählen in dieser Zeit die Reihenkonzepte, die er seit Anfang der 1970er Jahre zu entwickeln beginnt und mit den *Küchenratgebern* zum vorläufigen Höhepunkt führt. Ihr Geburtsjahr 1975 ist gleichzeitig Auftakt für weitere Reihenformate, die den formalen Avantgardismus des Verlages zu komplettieren beginnen. 1976 erscheint erstmals eine Vielzahl von Kompassen unter dem Motto „Einstecken – Natur entdecken", die in Anlehnung an Klevers 1973 erschienenen *Kalorien-Kompaß* konzipiert sind und durch ihre Handlichkeit die Nutzanwendung draußen in der Natur ermöglichen. Gräfe und Unzer dekliniert diese Reihenformate über alle Programmbereiche hinweg und stattet sie mit Verkaufsdisplays aus, die ihnen im Sortiment und Fachhandel eine beispiellose optische Präsenz verschaffen. Der Erfolg dieser formalen Diversifizierung lenkt die strategischen Überlegungen immer stärker in Richtung Konzentration auf die neuen Programmstärken und die Entschlackung angestammter Themenfelder, die nicht mehr zu diesen passten.

FINALER SCHNITT: BUCHHANDLUNG UND VERLAG AUF GETRENNTEM KURS

Der Ausflug in den weiten Sachbuchmarkt wird bewusst unterbunden, und man trennt sich von Reihen wie z. B. den *Bavarica* (1975), die an den Hugendubel Verlag verkauft werden. Entschlackung bedeutet in diesem Fall auch den endgültigen Bruch mit der Tradition der Firma: Prelinger verkauft die Sortimentsbuchhandlung an Gisela Leismüller in Garmisch-Partenkirchen, die mit dem Sortiment zwei Jahre später an den Partenkirchener Rathausplatz 15 umzieht, wo die Buchhandlung bis heute residiert und von ihrem Sohn Michael Leismüller geführt wird.[23] Zum fünften und letzten Mal kommt es damit in der Geschichte des Unternehmens zur Trennung von Buchhandlung und Verlag.

Die Profilierung zum Ratgeberverlag hat die Konzentration auf die neuen Programmstärken zur Folge. Angestammte Themenfelder wie die Bavarica *werden nicht weiterverfolgt.*

Nach dem Erwerb der Buchhandlung Gräfe und Unzer verlegt die neue Inhaberin Gisela Leismüller 1977 die Geschäftsräume an den Partenkirchner Rathausplatz 15.

KÜCHENRATGEBER: REIHENPRIMUS

Seit 1974 beginnt der Verlag, in den Novitätenverzeichnissen gezielt seine Qualitätsführerschaft im Kochbuchmarkt auszuloben mit dem Hinweis darauf, dass er seit drei Jahren im Kochbuchwettbewerb der Gastronomischen Akademie Deutschlands (GAD) den ersten Platz belegt.[24] Die Werbebotschaften in den noch schwarz-weißen Ankündigungen (die erste vierfarbige Vorschau wird erst im Herbst 1984 erscheinen) an den Buchhandel kreisen regelmäßig um die Kernaussage „Kochbuch ist nicht gleich Kochbuch“, die von Prelinger Halbjahr für Halbjahr gebetsmühlenartig bemüht wird und die fast Claim-Charakter hätte beanspruchen können.

Marktführer im Kochbuchsegment

Mit dem Erringen der Markführerschaft 1975 im Kochbuchsegment veröffentlicht Gräfe und Unzer die erste Generation von *Küchenratgebern*, die bis heute mit über 60 Mio. Exemplaren meist gekaufte Kochbuchreihe der Welt. Das Format von 16,5 x 20 cm wird speziell für diese Reihe entwickelt, die später stilprägend für alle Segmente des Hauses wird. Inhaltliche Kriterien sind: Beste Rezepte im Verbund mit Warenkunde und Küchentechnik, angereichert mit Wertmarken – sprachlichen Ortsschildern, die wie „schnell gemacht – würzig“ Hilfestellung in Richtung Nutzenerwartung geben – und originelle Tipps zu Varianten. Formal legt der Verlag besonderen Wert auf brillante Fotos, die nicht über Bildagenturen bezogen werden, sondern eigens für die Bände in Auftrag gegeben werden, um Qualitätsstandards zu setzen und Herr über die Rechte zu sein. Auf blendfreiem Papier sollen sie die Rezepte in optimaler Qualität präsentieren.

1986

Die legendären Küchenratgeber *werden seit über 45 Jahren im selben Format angeboten, haben sich bis heute über 60 Mio.-mal verkauft und sind in mehr als 20 Sprachen erschienen, u. a. auch auf Katalanisch und Hebräisch. Ihre jeweilige Konfektion ist an den Zeitgeschmack gebunden und spiegelt ihre Entwicklung zum GU-Markenartikel wider. Gegenwärtig umfasst die Reihe ca. 80 Titel.*

1992

1997

2006

2018

1990

1997

2006

2018

1991

1999

2007

2019

1990

1997

2007

2020

DIE GU-KOMPASSE

Erlkönig: Klevers Kalorien-Kompaß *von 1973 ist der älteste noch lieferbare Titel des Verlages, der seit fast 50 Jahren fester Bestandteil der Backlist ist. Mit einer Gesamtauflage von über 2 Mio. Exemplaren gilt er neben* Wie neugeboren durch Fasten *gleichzeitig als das meistverkaufte Buch von GU. Nach seinem Erscheinen ist er Pilottitel einer neuen Reiheninitiative, die seine Darreichungsform übernimmt: die* Naturkompasse.

FORM FOLLOWS FUNCTION

Zunächst steht der Meilenstein 1976 Pate für Dähnckes Pilz-Kompaß, *der wiederum im Vertrauen auf den Verkaufserfolg bei Erscheinen gleich in einer Verkaufsbox mit 20 Exemplaren angeboten wird. Die handlichen Naturführer, im Frühjahr 1977 folgen der* Beeren- und Heilpflanzen-Kompaß, *sind als hosentaschentaugliches Format in eine Plastikhülle eingeschlagen, welche die „knautsch- und abwaschbare" Nutzanwendung draußen vor Witterungseinflüssen schützen soll. Bis zur Jahrtausendwende wird diese Art der Verpackung dann von den meisten Naturbuchverlagen genutzt. Als Marktforschungsstudien ergeben, dass die Hülle nur eine Illusion bedient, verzichtet man fortan auf sie.*

ORIGINALPRODUZENT GU

Zu den wichtigsten Weichenstellungen Prelingers zählte die Entscheidung, dass Gräfe und Unzer Inhalte ausschließlich als Originalproduzent generieren sollte, um Herr über den eigenen Content zu sein und sich nicht in Abhängigkeit von fremden Lizenzgebern zu begeben. Die selbstgeschöpften Substanzen waren hinreichende Bedingung auf dem Weg zum Markenartikel-Verlag.
Das setzte nicht nur eine tiefe gedankliche Durchdringung der Themen im Konzeptstadium und eine hohe handwerkliche Präzision bei der Umsetzung voraus, sondern auch eine Fertigungstiefe bei der Produktion, deren Aufwand von vornherein einkalkuliert werden musste. Da man nicht die internationale Angebotssituation nutzen und Früchte vom Baum des Lizenzmarktes pflücken wollte, musste man langfristig perspektivisch mit großen Vorlaufzeiten planen. Die hohen Vorinvestitionen in die Content-Entwicklungen wurden über den Wertschöpfungskreislauf wieder eingespielt und im Erfolgsfall über Jahrzehnte gedeckt.

Vorinvestitionen in den Content werden über den Wertschöpfungskreislauf zurückgeführt.

Dieser Wertschöpfungskreislauf wurde durch fünf markenspezifische Kriterien der Produktgenese gesichert:

1. die Wahrung spezieller GU-Content- und Gestaltungsstandards auf der Basis von Manuals, die die Zuverlässigkeit und Animationskraft des Inhaltes verbürgten
2. die hohe Haltbarkeit der ratgeberischen Information
3. deren leichte, schnelle und unmittelbar nachvollziehbare Benutzerfreundlichkeit
4. ihre regelmäßige Aktualisierung und Überarbeitung sowie
5. die Gewährleistung, keine minderwertigen Substanzen von Producern und Vielschreibern zu verwenden.

Alle Kriterien zahlten auf die Glaubwürdigkeit und Authentizität der GU-Produkte ein und ventilierten das positive Vorurteil gegenüber dem Verlag, dessen Charakter für Inspiration und Innovation im Alltag mit edukativ-entlastenden und nicht belastenden Inhalten stand. GU sollte als sympathische, energiegeladene und vertrauensvolle Partnerin und Markenpersönlichkeit für alle Lebenslagen der weiblichen Kundschaft auf Augenhöhe mit dieser interagieren. Ein Konzept, das auch von inländischen und internationalen Lizenznehmern goutiert wurde und die Rendite des Hauses maßgeblich nach oben schraubte.

DURCHBRUCH MIT BILDKOCHBÜCHERN

Die strategische Konzentration auf die drei neuen Geschäftsfelder befeuert nicht nur die Reihenexpansion, sondern auch die Weiterentwicklung von Einzeltiteln, deren jüngste Vertreter sich längst zu Backlist-Longsellern gemausert haben. 1976 erscheint mit *Kochvergnügen wie noch nie* das erste „Bildkochbuch" mit 777 Rezepten und 600 Farbfotos zum Ladenpreis von 29,80 DM: „Einfach ansehen, auswählen, nachkochen – das erste große Bildkochbuch für alle Anlässe macht's möglich. Mit den besten *Koch-Ideen der Welt* (...) und großem Ratgeberteil, vom Kochvergnügen zur Küchenmeisterschaft'. Ein Kochbuch wie es noch keines gab – großzügig gestaltet, ideal als Geschenk."[25] Zwei Jahre später, im Herbst 1978, erscheint *Backvergnügen wie noch nie* in einer Startauflage von 100.000 Exemplaren. Die 555 Backrezepte in 400 Farbfotos auf 320 Seiten vereinen die besten und bewährtesten Back-Ideen „(von) Groß-

Mit Kochvergnügen wie noch nie *erscheint 1976 das erste „Bildkochbuch" mit Markenartikelcharakter und 600 farbigen Rezepten, das gezielt den Kontrapunkt zum nüchternen Schwarz-Weiß-Markt der schulmeisterlichen Grundkochbücher setzt. Auf den erhobenen Zeigefinger „Man nehme ..." wird verzichtet, Kochen soll Spaß machen. Neben dem Fotograf Christian Teubner zeichnet Annette Wolter als Autorin verantwortlich, eine der erfolgreichsten Verfasserinnen von GU-Kochbüchern jener Zeit.*

mutters Napfkuchen, großer Torten-Nostalgie und klassisch raffinierter Weihnachtsbäckerei bis zu den beliebtesten Obstkuchen – von rustikalen Brotlaiben und knusprigem Schmalzgebäck bis zur feinen Patisserie."[26]

Erfolgreiche Neuansprache

Der konzeptionelle Ansatz ist bewusst gegen die meist schulmeisterlich auftretenden Grundkochbücher der Konkurrenz, allen voran Dr. Oetker, gerichtet. Die Kochbücher, die Kochen zum Vergnügen machen, sind der Beginn einer der erfolgreichsten Programmstränge des Verlages und werden zu Steadysellern der Backlist. Mit ihnen und den *Küchenratgebern* gelingt es dem Verlag ein zweites Mal nach den Kochkarten, den Kochbuchmarkt neu zu segmentieren und die eigene wirtschaftliche Basis auf ein neues Niveau zu heben.

Nach den Kochkarten *gelingt es dem Verlag mit den* Küchenratgebern *und dem* Kochvergnügen *ein zweites Mal innerhalb von zehn Jahren, den Kochbuchmarkt neu auszurichten. Die gute Wiedererkennbarkeit der Produktfamilie ist durch ein ebenso einheitliches wie „knalliges" Corporate Design gewährleistet. Mit diesem zweiten Schub kann Gräfe und Unzer seine wirtschaftliche Entwicklung auf einem starken und gesunden Fundament fortsetzen.*

EXPANSION NACH AUSSEN, KONZENTRATION NACH INNEN

Das dialektische Grundverständnis, das die strategische Grundausrichtung des Hauses in dieser Zeit prägte, lässt sich auf die Formel bringen: Expansion nach außen, Konzentration nach innen. Das anvisierte Marktwachstum sollte nicht durch die Flucht in die thematische Breite gefährdet, sondern durch die Reduktion auf bestimmte inhaltliche Stärken gesichert werden. Prelinger und Banzhaf teilten die Überzeugung, dass die Eroberung von Sortimentsflächen und neuen Vertriebsmärkten wie dem nichtbuchhändlerischen Fachhandel nur gelingen könnte, wenn ihre Bücher, oder besser Produkte, in der Angebotsautopsie der unübersehbaren Flut konkurrierender Titel wahrgenommen und aus dieser herausragen würden. Kochbücher waren längst zur Massenware in Konsumdeutschland geworden, und der Buchhändler begegnete neuen Initiativen nach wie vor mit großer Skepsis.

Neben den Programmcode tritt der Zeitcode: die Dauer der Backlistfähigkeit.

Voraussetzung dafür war, den Bauplan und das Potenzial von neuen Ratgebertypen zu analysieren und nicht nur deren Programmcode zu entschlüsseln, sondern auch deren Zeitcode zu definieren – also den Lebenszyklus der geplanten Backlistfähigkeit. Je tiefer man konzeptionell bohrte, desto fruchtbarer würde man umsetzen oder in neue Produkte bzw. Nutzenversprechen „übersetzen" können – bis hin zu den kleinsten, auf den ersten Blick unscheinbaren Textsorten wie den Wertmarken, die bei der „Bemusterung" durch den Kunden am Point of Sale aber kaufentscheidend sein können. Das Fundament, auf dem man agierte, waren die Bedürfnislagen und Wunschwelten der femininen Konsumgesellschaft, die in ihrer kulturellen Selbstverortung Orientierung benötigte.

GRENZE IST ZIEL

Anders gewendet: Prelinger hätte das Marktwachstum sicherlich auch mit dem Sprung ins vielversprechende Sachbuch realisieren können, er entschied sich aber bewusst für das Gegenteil, für die Grenze, diesseits derer die Themenbereiche Kochen, Gesundheit und Natur lagen, die im Ratgebersegment damals ca. 50 bis 60 Prozent Marktanteil abgedeckt haben dürften. Dieser inhaltlichen Beschränkung lagen das Wissen und das Vertrauen in die Innovationskraft des Managements zugrunde, dessen Erfolge sich immer deutlicher abzuzeichnen begonnen hatten.

Konzentration nach innen erforderte in diesem Fall aber auch, die Organisation und die innere Struktur des Hauses nicht aus dem Blick zu verlieren. „Prelingers humanistische Hausphilosophie war darauf ausgerichtet, jedem Menschen zur Entfaltung seiner Fähigkeiten zu verhelfen. Diese Einstellung prägte nicht nur in den 70er und 80er Jahren die inhaltliche Seite der Programmkonzeption, sondern sie war auch ausschlaggebend für das Verhältnis zwischen Verlagsführung und Mitarbeitern."[27] Erfolgreiche und schnellwachsende Unternehmen neigen dazu, ihrer strukturellen Unterfütterung davonzueilen, wenn ihre Organisation nicht angepasst wird. Und so beeilt sich der Chronist der „Jubiläumsschrift" von 1997, die sich nach dem Ausscheiden von Prelinger maßgeblich um Vertriebs- und Marketingleistungen rankt und wie um die Tchibo-Affäre herum konstruiert wirkt, zwar auf die immer wieder erforderlichen „Metamorphosen" hinzuweisen, denen sich der Verlag alle fünf bis sechs Jahre unterzogen habe, strukturelle Konsequenz ist allerdings erst für das Jahr 1987 mit der Formulierung eines Leitbildes verbürgt, einem Einschnitt, bei dem angeblich „kein Stein auf dem anderen blieb."[28]

Heinz Sielmanns Glück mit Tieren, *Schwerpunkttitel im Herbst 1976, legt den Grundstein für die Heimtierkompetenz des Verlages.*

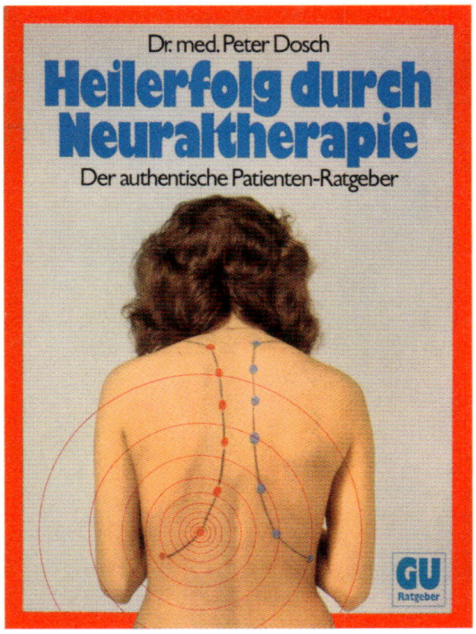

Seit 1972 beginnt der Verlag, in das Programmfeld Gesundheit zu investieren. Heilerfolg durch Neuraltherapie *erscheint im Frühjahr 1976.*

DAS PROGRAMM UM 1980

Mit *Wie neugeboren durch Fasten* von Hellmut Lützner erscheint 1976 ein weiterer Longseller, der bis heute seinen festen Platz im Programm und sich millionenfach verkauft hat. Im Herbst 1980 publiziert der Verlag anlässlich der „Großen Koch- und Weinbuchschau“ sein drittes Bildkochbuch *Kalte Köstlichkeiten wie noch nie* in einer Startauflage von 200.000 Exemplaren. 1984 werden von der *wie-noch-nie*-Reihe 5 Mio. Exemplare verkauft sein. Im Herbst desselben Jahres gelingt dem Verlag eine weitere Kochbuchsensation: Mit *Fantastisch kochen – leicht gemacht* erscheint das erste Videokochbuch auf dem Markt, das in einem 45-Minuten-Video die Zubereitung von Schlüsselrezepten filmisch veranschaulicht. Am 1. Mai 1985 schließlich werden alle ostpreußischen Buchbestände und Verlagsrechte an den Rautenberg Verlag in Würzburg verkauft.

Positiver Webfehler: Der Ratgeber Gesundheit Wie neugeboren durch Fasten *von Hellmut Lützner ist neben dem* Kalorien-Kompass *der älteste noch aktive Backlisttitel des Verlages. Über 2 Mio.-mal hat er sich verkauft und wurde in 15 Sprachen übersetzt. Das legendäre Cover, das im Sortiment auch für das Buch steht, bei „dem das Männchen aus der Hose springt“, war eine grafische Idee von Heinz Kraxenberger.*

Eine weitere echte Produktinnovation gelingt dem Verlag im Herbst 1984. Das erste Videokochbuch auf dem deutschsprachigen Markt, Fantastisch kochen – leicht gemacht, *wendet sich vornehmlich an Kochnovizen und beleuchtet Grundbegriffe kulinarischen Werkelns. Es wird zusammen mit einem Begleitband, der auch einzeln erworben werden kann, in einer Kassette zum Preis von 98,- DM angeboten.*

Vier Titel, die um 1980 die programmatische Konzentration auf die Themenfelder Kochen, Gesundheit und Natur widerspiegeln. Der Verlag befindet sich in der Metamorphose und noch in den Kinderschuhen des Markenartiklers, wie die willkürliche Verwendung des Verlagslogos zeigt.

Wie ein Rhizom sprossen die Küchenratgeber *im Markt und können über Themenwechsel in den neu erschlossenen Nebenmärkten Garten- und Zoofachhandel Flächen erobern: In Anlehnung an ihre Konzeption, ihr Format und ihre Optik publiziert GU ab 1977* Garten- *und* Heimtierratgeber, *die vier Jahre später über Verkaufsdisplays auch die Präsenz des Erfolgsformates im nichtbuchhändlerischen Fachmarkt sicherstellt. Im Herbst 1977 starten die* Heimtierratgeber *mit den Titeln* Meerschweinchen *und* Kaninchen.

Modelliermasse: Typographie, Bildsprache, Komposition und Plakativität der Cover auf dem Prüfstand. Covergestaltungen um 1985.

IMMER EINEN SCHRITT VORAUS

Wettbewerbsvorsprung durch geschlossene Stilistik.

Welchen Druck der Innovationsschub Gräfe und Unzers damals auf die Konkurrenz ausübte, kann der Autor aus eigener Anschauung schildern: In der Mitte der 80er Jahre beim Konkurrenten Kosmos Verlag in Stuttgart als Volontär mit der Neuentwicklung von Naturführern betraut, schlug die Nachricht von den Field Guides der neuen GU-Generation, von denen einige – wie etwa *Pilze* oder *Schmetterlinge* – von einem einzigen Fotografen komplett durchbebildert waren, wie eine Bombe ein. Bislang hatte man sich zur Visualisierung stets auf Illustrationen und Fotos vieler einschlägiger Bildagenturen konzentrieren müssen, die aber wegen der Heterogenität der Quellen keine geschlossene Optik und verlagsspezifische Stilistik verbürgten. Diesem formalen Avantgardismus des Münchner Konkurrenten stand der Stuttgarter Marktführer einigermaßen hilflos gegenüber. Der Herstellungsleiter und Prokurist von Kosmos, Hans-Jörg Staelin, die Graue Eminenz des Hauses und seit 40 Jahren im Geschäft, prognostizierte damals einen kaum einholbaren Wettbewerbsvorsprung.

Der erste „Große Naturführer" im Einsteckformat, Blumen, *eröffnet eine neue Generation von Feldführern, die auf 13 Bände anwachsen und in 14 Sprachen übersetzt werden wird. Die Reihe erringt mit ihrem Erscheinen 1983 sofort die Benchmark im Naturführermarkt.*

ZEIT, INNEZUHALTEN UND ZU INTEGRIEREN

DAS LEITBILD VON 1987

Mit dem Leitbild von 1987, das auf Initiative von Christian Strasser angestoßen und zusammen mit den Führungskräften formuliert wird, werden die Mission and Values des Unternehmens festgehalten. Gräfe und Unzer verleiht seinem Selbstverständnis, seinen unternehmerischen Zielen und seiner Mitarbeiterführung ein modernes Gesicht: „Unser gesamtes Unternehmenskonzept hat zur wesentlichen Grundlage, daß Innovation und Kundennähe untrennbar zusammengehören. Und es hat zum bestimmenden Ziel, daß wir durch unsere Bücher einen positiven Beitrag zur Lebensqualität ihrer Benützer leisten.“[29]

1985 stößt Christian Strasser als Teilhaber zu Gräfe und Unzer und komplettiert die Geschäftsführung um Prelinger und Banzhaf. Strasser war zuvor Europa-Chef von Time Life Books Inc. in London gewesen und brachte eine internationale Vertriebs- und Marketingexpertise mit. Die Zusammenarbeit mit diesem umtriebigen Taktgeber, der ständig neue Impulse zu setzen versucht, ist eine Belastungsprobe für die Geschäftsführung. Als die von ihm verantwortete, mit gigantischem Aufwand für den POS eingeführte Reihe *GU Ideen* floppt, beschleunigt dieser Misserfolg 1988 seine Trennung vom Haus.

Das neue Leitbild ist gleichzeitig Spiegelbild der Konzentration auf eine Geschäftsstrategie, die längst seitens der Programm- und Vertriebsarbeit praktiziert wird. Neben den Leitzielen Innovation und Kundennähe spielt die Mitarbeiterführung eine wichtige Rolle, die nun auch die Verabredung individueller Jahresziele umfasst. Bereits 20 Jahre zuvor hatten Prelinger und Koch bereits wieder die Erfolgsbeteiligung für alle Mitarbeiter eingeführt, die letzterer 1933 in Königsberg initiiert hatte. Nach der Veräußerung der angestammten ostpreußischen Programmlinien versteht sich der Verlag jetzt dezidiert als Ratgeberverlag, dessen Produktion nicht mehr weiter „nur Bücher“, sondern Markenartikel sind. Als Verlagsmarken werden GU und die Teubner Edition bei Gräfe und Unzer geführt.

Das gelbe GU-Logo wird erstmals 1988 in der Kommunikation erscheinen.

1986 überspringt Gräfe und Unzer beim Umsatz erstmals die 25-Mio.-DM-Schwelle. In der Außendarstellung werden die drei strategischen Geschäftsfelder Kochen, Natur und Gesundheit von nun an durch einen Farbcode gekennzeichnet, der die sinnfällige Unterscheidung erleichtert, gleichzeitig aber auch auf die Selbstähnlichkeit der Verlagsprodukte einzahlt.

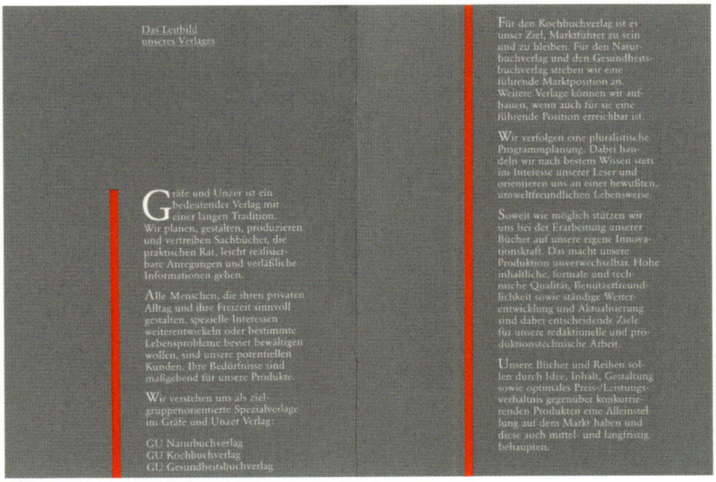

Mit dem Leitbild besiegelt Gräfe und Unzer die Geschäftsentwicklung der letzten 15 Jahre und definiert sich zum ersten Mal explizit als reiner Ratgeberverlag, der ausschließlich auf der Basis eigener Konzeptionen arbeitet. Den Anspruch eines Markenartiklers will man nur mit selbstgeschöpftem Content und eigenem Rechtefundus, nicht mit fremden Inhalten oder Lizenzeinkäufen, erfüllen.

Die Farbcodierung der drei Geschäftsfelder auf dem Novitätenkatalog ist der Wiedererkennbarkeit und Selbstähnlichkeit geschuldet und wird zu einem Trittsiegel der Markenführung.

„VERTRAUEN GEWINNT!“ DAS BUCH AUF REISEN

Die wachsende Nachfrage nach den „GU-Büchern“ führt beim Einkauf immer stärker zur entlastenden Entscheidung für den gelben Markenartikler.

Anfang der 60er Jahre, bereits vor dem legendären Erfolg von *Arne Krügers Kochkarten,* hat der Verlag begonnen, seine Handelspartner auch persönlich in ihren Sortimenten zu besuchen, zu beraten und für die Produkte zu begeistern: Zunächst bereisen drei freie Handelsvertreter den stationären Buchhandel.

Mit der Etablierung als führender Ratgeberverlag wird GU 1986 als Marke positioniert und 1988 das gelbe Logo eingeführt. Für eine optimale Betreuung des Sortiments installiert man gleichzeitig einen fest angestellten, jetzt exklusiv nur noch für GU reisenden Außendienst, der mittlerweile elf Köpfe zählt. Dabei werden die Verlagsvertreter gezielt aus anderen Branchen rekrutiert, um von ihrer Vertriebserfahrung bei Markenartiklern wie Bahlsen, Tchibo oder Coppenrath & Wiese zu profitieren. Sie bringen für den Buchhandel völlig neue Kenntnisse und Arbeitsweisen mit, die zum beiderseitigen Nutzen für Handel und Verlag neben der markenspezifischen Beratung die optimale Präsentation der Ratgeber bis hin zur regelmäßigen Regalpflege in den Fokus stellt.

Das 1988 zur differenzierten Steuerung von Handel und Außendienst eingeführte A-Kunden-Modell wird bereits 1990 vom sogenannten Leistungs- und Konditionenmodell abgelöst, das nach dem Prinzip Leistung und Gegenleistung mit verschiedenen Rabatt- und Jahreskonditionen-Modellen noch konsequenter die intensive Zusammenarbeit und effiziente Arbeits- und Verhaltensweisen fördert, die schließlich zu mehr Effektivität und höherer Rentabilität führen. Über ein Kundenportfolio, in dem die Marktattraktivität des jeweiligen Sortiments und die eigene Wettbewerbsposition des Verlags verortet sind, werden die individuellen Maßnahmen zur Betreuung definiert. Der Außendienst erhält je nach Kundenkategorie und damit aufwandsabhängig unterschiedliche Provisionssätze auf die getätigten Umsätze. Zudem werden die Zielumsätze in den Vertretergebieten auf Basis der regionalen Buchkaufkraft, also dem tatsächlich vorhandenen Potenzial, ermittelt.

Mit der Weiterentwicklung der Steuerungsinstrumente für das Sortiment hat sich Anfang des neuen Jahrtausends auch das Aufgabengebiet des klassischen Verlagsvertreters vom Verkaufsberater zum Kundenmanager verändert, der seine spezifischen Sortiments-, Marketing- und betriebswirtschaftlichen Kenntnisse gezielt einsetzt, um für Handel und Verlag gleichermaßen erfolgreich zu sein.

Die zunehmende Konzentration in der Handelslandschaft führt zum Wachstum überregional agierender Filialisten, bei dem ein gnadenloser Wettbewerb um die besten und größten Verkaufsflächen in den Innenstädten und Einkaufszentren davor die Augen verschließt, dass die eigentliche Herausforderung für das bisherige Geschäftsmodell im Onlinehandel erwächst, der jeden gewünschten Artikel per Klick bequem nach Hause liefert. Für den Verlag ist das die Geburtsstunde des Key Account Managements, das fokussiert auf die Großkunden individuelle Vereinbarungen für zentralen Einkauf und Vermarktung, aber auch für die Serviceleistungen des Außendienstes auf der Fläche trifft. Größter Hebel und wichtigstes Instrument ist dabei die regelmäßige Überprüfung der Sortimente auf Präsenz und Präsentation der Topseller. Die Verfügbarkeit dieser Basissortimente ist Voraussetzung für den Erhalt des eigenen Geschäftsmodells, das zu zwei Dritteln auf einer renditestarken Backlist beruht und für den Handel einen großen Wettbewerbsvorteil gegenüber der unendlichen Lagerkapazität im Onlinehandel darstellt: Vor Ort ist das Buch vorrätig und kann sofort gekauft werden!

Da E-Commerce immer wichtiger wird, installiert der Verlag ein eigenes Team, das die maximale Sichtbarkeit und Auffindbarkeit von Marke, Titeln und Autoren auf den Websites sicherstellt und in der Vermarktung durch Advertise- und Social-Media-Kampagnen den Verkauf anschiebt.

In der Spitze bestehen 2020 zwei getrennt für Ratgeber und Reiseführer agierende Vertriebsorganisationen aus 27 Verlagsvertretern, Telefonverkäufern, Verkaufsleitern und Key Account Managern für den überregionalen Filial- und Onlinebuchhandel. Die Mitarbeiter sind teils schon seit dem großen Aufbruch zum Markenartikler in den 80er Jahren dabei. Ihre langjährig gewachsenen, intensiven und persönlichen Kontakte sind immer noch das Fundament für eine erfolgreiche Zusammenarbeit mit dem Handel.

Jan Wiesemann

Die Handelsvertreter auf der Ratgebertagung im Mai 2016 in Samerberg. Hintere Reihe ganz links: Jan Wiesemann, der Vertriebsleiter Gräfe und Unzer.

KLASSIKER ALS VERMÄCHTNIS – UND DRITTE SCHWELLE

Prelinger wollte die Zukunft des Verlages und die Übergabe der verlegerischen Verantwortung in sicheren Händen wissen, weshalb er die Nachfolge mit Christian Strasser langfristig aufzubauen versucht. Als dies misslingt und Strasser 1988 ausscheidet, entschließt er sich, den Verlag zu verkaufen.

Bevor der Verleger das Vorhaben in die Tat umsetzt, gelingt ihm ein letzter Coup. Aufgrund Ihres Erscheinungsdatums, strenggenommen dem nächsten Kapitel zugehörig, soll *Die echte italienische Küche* an dieser Stelle das letzte Zeugnis seiner 35-jährigen Ära und konzeptionellen Wirkungskraft ablegen. Mit entsprechender Vorlaufzeit setzt der Verlag mit ihr 1990 einen der wichtigsten Meilensteine auf dem Weg zur Marktführerschaft über das komplette Ratgebersegment hinweg.

Meilenstein und jahrzehntelang Klassiker der Kochliteratur, der 1991 von der GAD mit der Silbermedaille und von der Stiftung Buchkunst als „eines der schönsten deutschen Bücher“ prämiert wird: hier die Lizenzausgabe des Deutschen Bücherbundes von 1990.

Die echte italienische Küche

Bei dem Titel, dessen ästhetische Maßstäbe ihn zeitlos und zu einem der großen Klassiker der vierfarbigen Ratgeberliteratur im Kochbuchbereich werden lassen, handelt es sich um eine Gemeinschaftsproduktion mit dem Deutschen Bücherbund, der die Idee dazu hatte und auf die Kompetenz Gräfe und Unzers bei der Realisierung des Projektes vertraute.[30]

Inhaltliche Spezifikation und Fotografie des Titels sind im Konzeptionsstadium Ende der 1980er Jahre so überzeugend, dass es gelingt, auch den Bertelsmann Club an Bord zu holen, wodurch die Abnahmeverpflichtungen eine Kalkulation der Startauflage von 400.000 Exemplaren ermöglichen. Davon nehmen der Bücherbund 240.000 und Bertelsmann 100.000 Exemplare fest ab und tragen über die Vorfinanzierung damit den Großteil der hohen Investitionssumme, die Gräfe und Unzers Innovationskraft erneut unter Beweis zu stellen vermag. Zum dritten Mal nach den Erfolgen mit den Kochkarten und der *wie noch nie*-Reihe erklimmt der Verlag eine neue Schwelle und wird zum größten deutschen Sachbuchverlag im Lizenzgeschäft.

Sonderausgabe von 1997.

Ausgabe von 2000 mit der seit 1999 reduzierten gelben Wort-Bild-Marke GU.

19
90

20
01

ZÄSUR UND BESTAND

1990 kommt es zur wichtigsten Zäsur in der Historie des jungen Ratgeberunternehmens. Kurt Prelinger verkauft seinen Verlag, dessen Umsatz mittlerweile auf 40 Mio. DM gewachsen ist, an den Hamburger Verleger Thomas Ganske. Die Nachricht sorgt unter den rund 50 Mitarbeitern für Unruhe und Skepsis, die jedoch unbegründet sind. Ganske teilt das Markenverständnis Prelingers, dessen Kennzeichnungskraft handwerkliche Präzision, inhaltliche Zuverlässigkeit, stilbildende Gestaltung und nachhaltige Ästhetik sind. Durch die hohe Übereinstimmung bei den geschäftspolitischen Grundannahmen ist ein radikaler Wechsel von vornherein ausgeschlossen. Darüber hinaus bietet die Ganske Verlagsgruppe mit ihrem Zeitschriften-Portfolio viele Anschlussflächen für Programmaktivitäten von Gräfe und Unzer.

1990 – THOMAS GANSKE

„Nach dem Scheitern der Nachfolgeregelung sucht Prelinger das Gespräch mit in- und ausländischen Interessenten, darunter Hachette aus Frankreich, der schwedischen Bonnier-Gruppe sowie Barrons aus den USA, mit denen vielfältige Lizenzgeschäfte bestanden. Am Ende entscheidet er sich, die Firma nicht an einen Buchkonzern, sondern an einen Mittelständler und ein eigentümergeführtes Familienunternehmen zu veräußern.

Zeitenwende. 1990 zieht sich Kurt Prelinger zurück und der Hamburger Verleger Thomas Ganske erwirbt den Münchner Ratgeberverlag, dessen Kernkompetenzen – Kochen, Gesundheit, Natur & Garten – perfekt zu den inhaltlichen Schwerpunkten seines Zeitschriftenportfolios passen.

Erworben wird sie im Jahre 1990 vom Hamburger Verleger Thomas Ganske, zu dessen Unternehmen neben dem renommierten, autorenorientierten Sachbuch- und Belletristikverlag Hoffmann & Campe Verlag unter anderem auch ein großes Magazin-Portfolio zählt, das in seiner inhaltlichen Ausrichtung gut zu Gräfe und Unzer passt: Die Kernkompetenzen und redaktionellen Konzepte der Münchner decken die Themenbereiche der Hamburger Unternehmensgruppe perfekt ab und lassen auf erhebliche Synergieeffekte schließen.

Eingefädelt werden die Verkaufsgespräche von Matthias Wegner, einem Vertrauten Kurt Prelingers, der bis zum heutigen Tag engen Kontakt zum ehemaligen Gräfe-und-Unzer-Verleger hält und dessen geräuschloses Ausscheiden im Börsenblatt gewürdigt hat. So bescheiden und zurückhaltend Prelinger im Außenaufritt immer gewesen war, so weitblickend und durchsetzungsstark war er mit Blick auf die Zukunft des Hauses.

Als Prelinger sich auch aus Verantwortung gegenüber seinen Mitarbeitern gegen den Konzernverkauf entschieden hatte, war ihm der Verbleib Banzhafs im Verlag wichtig, denn damit sollte die unternehmerische Kontinuität gewahrt werden. Dies war auch aus Sicht von Thomas Ganske unabdingbar, da der neue Eigentümer auf das spezifische Know-how für die Bewirtschaftung, Programmführung und Vertriebstechniken von Gräfe und Unzer zurückgreifen musste, das in der Verlagsgruppe zu diesem Zeitpunkt noch nicht vorhanden war. Darüber hinaus hatte der Verlag seinen Sitz in einem von Hamburg weit entfernten Standort. Eine komplett neu zusammengestellte Führungsmannschaft wäre mit erheblichen Risiken verbunden gewesen.

Bei einem zweitägigen Treffen einigen sich Thomas Ganske und Banzhaf, wie der Verlag unter der Führung von Banzhaf als Sprecher der Geschäftsführung zu entwickeln sei. Bereits 1989 hatte Banzhaf seine Anteile am Banzhaf Verlag an Gräfe und Unzer verkauft und war Teilhaber geworden. Als Prelinger dann aus dem Verlag ausscheidet, bleibt Banzhaf an Bord und sorgt in den folgenden Jahren für Stabilität im Management und die konsequente Fortführung des Erfolgskurses.

Der Verlagssitz der Ganske Verlagsgruppe in Hamburg, Harvestehuder Weg 41–43, mit der Heine-Villa im Vordergrund (Aufnahme 2018).

MITMENSCHEN

Ein Verleger zieht sich zurück: Als zum Jahreswechsel Gräfe und Unzer an Hoffmann und Campe verkauft wurde, gingen die Wellen hoch in der Branche. Aber selbst bei diesem Coup gelang es dem Verleger, einer der erfolgreichsten der Nachkriegszeit übrigens, wie auch in den Jahrzehnten zuvor, im Hintergrund zu bleiben. Wer ist dieser **Kurt Prelinger**?

Der Aussteiger

Leise und unauffällig, wie es seine Art ist, hat sich zu Beginn dieses Jahres ein Mann aus dem Buchhandel verabschiedet, der zu den erfolgreichsten und innovativsten Unternehmern der bundesrepublikanischen Verlagsgeschichte zählt. Zu einem Zeitpunkt, da der von ihm in Jahrzehnten konsequenter Arbeit entwickelte und verfeinerte Buchtyp, der opulente und dennoch hochinformative Ratgeber für viele Lebenslagen, wegen der Öffnung der Mauer geradezu »boomt«, hat er die Verantwortung für sein Haus in andere Hände gelegt. Nicht wirtschaftliche Zwänge und auch nicht gesundheitliche Probleme haben ihn dazu veranlaßt. Die Rede ist von Kurt Prelinger. Zum Jahreswechsel hat er den Verlag Gräfe und Unzer an Thomas Ganske verkauft. Prelinger will sich künftig ausschließlich seinem Privatleben und seinen ausgeprägten Interessen widmen. Diese haben ihn schon immer davor bewahrt, sein Lebensglück wie manch anderer Kollege lediglich in der beruflichen Arbeit zu suchen. In aller Stille hat er seinen Schreibtisch in der Münchener Isabellastraße geräumt und seinen Mitarbeitern alles Gute gewünscht. Ein von ungewöhnlichen Erfolgen gekröntes Kapitel seines Lebens ist abgeschlossen. Der Entschluß zu diesem Schnitt war lange gereift. Kurt Prelinger ist, wie seine Freunde wissen, ein Mann der wohlüberlegten Strategien. Der

Von Matthias Wegner

Zeitpunkt des Verkaufs fiel in eine Phase erneuter Umsatz- und Ergebnis-Rekorde. Das Haus ist bestellt. Die meisten der langjährigen Mitarbeiter wollen auch unter der neuen Führung dabeibleiben. Der Verlag kann auf mehrfach abgesichertem Fundament die Veränderungen über sich ergehen lassen, die ein Inhaberwechsel mit sich bringt. Aber er muß jetzt ohne den Ideenstrom und das Engagement eines Verlegers leben, dessen Name unauflöslich mit dem Aufstieg von Gräfe und Unzer zum führenden Koch-, Gesundheits- und Naturbuchverlag verbunden ist.

Die Nachricht vom Rückzug Prelingers kam für die Branche überraschend. Wer ihn näher kennt, hatte die Entwicklung schon seit einiger Zeit vorhersehen können. Wenn Prelinger einmal einen Plan geschmiedet hat, dann setzt er ihn mit akribischer Genauigkeit auch in die Tat um.

Als der 1931 geborene und bis heute noch verblüffend jugendliche Österreicher im Alter von 24 Jahren in den damals in Bad Wiessee residierenden Verlag eintrat, schien dessen Zukunft ungewiß. Der junge Mann hatte auch noch nicht die Statur eines Retters. Von Hause aus ein hochbegabter Schöngeist, hatte er vorher Kunstgeschichte studiert. Dieses Interessengebiet sollte in seinem Leben immer eine wichtige Rolle spielen. Dann hatte er sich in seiner Heimatstadt Wien zum Drucke-rei-Ingenieur ausbilden lassen. Im österreichischen Bundesverlag begann er als Hersteller von Schulbüchern. Aber bald verließ er Wien, um sich Konsul Bernhard Koch anzuschließen. Dieser hatte nach dem Krieg in Bad Wiessee die Reste seines Verlags und eine Buchhandlung in Garmisch-Partenkirchen neu etabliert. Sein vormals stattliches Imperium im ostpreußischen Königsberg war ein Opfer der Zerstörung geworden. Der Name Gräfe und Unzer stand damals vor allem für eine große, angesehene Buchhandlung und, was den Verlag betraf, für ostpreußische Heimatliteratur. Immerhin war der 1722 in Königsberg gegründete Verlag schon einmal der Partner Immanuel Kants gewesen. Gut, daß der puritanisch lebende Gelehrte, der die häusliche Tafel weniger des Essens (bei ihm gab es vornehmlich Kartoffeln und Rüben) als des Diskutierens wegen schätzte, nie erleben mußte, womit GU so erfolgreich wurde!

1955 bestand der Verlag aus dem Inhaber, der sich aber auch noch um die Buchhandlung zu kümmern hatte, und einer Sekretärin. Nun stieß ein junger, schmalgliedriger Jüngling aus Wien dazu. Mit dem Spürsinn für die Gefahren, die einer so kleinen Firma drohten, deren angestammte Kundschaft hinter dem Eisernen Vorhang verblieben war oder sich anderen Ufern zugewandt hatte, suchte Prelinger nach Alternativen zum bisherigen Programm. Statt sich aber in seine literarischen und künstlerischen Leidenschaften zu verlieren, entwickelte er mit kühlem Verstand ein neuartiges Sachbuchprogramm. Reisebände bildeten fürs erste den Schwerpunkt.

An den Wochenenden erkundete er die Flora und Fauna rund um den Tegernsee und erwarb sich dabei ganz nebenbei die einschlägigen Kenntnis-

Börsenblatt 40/22.5.1991 — 1799

Im Börsenblatt vom 22.05.1991 würdigt Matthias Wegner die Lebensleistung Kurt Prelingers nach dem Verkauf: „Leise und unauffällig, wie es seine Art ist, hat sich zu Beginn dieses Jahres ein Mann aus dem Buchhandel verabschiedet, der zu den erfolgreichsten und innovativsten Unternehmern der bundesrepublikanischen Verlagsgeschichte zählt."

Nach dem Inhaberwechsel sorgt Dieter Banzhaf als Sprecher der Geschäftsführung für Stabilität und Kontinuität in München. Mit dem Eintritt Frank H. Hägers als Geschäftsführer Programm und Lizenzen 1991 und Peter M. Notz als kaufmännischem Geschäftsführer ist das Management 1992 wieder komplett.

WEITER MIT VOLLDAMPF AUF KURS

„In den folgenden Jahren setzt Gräfe und Unzer den erfolgreichen Programmkurs fort und steigert kontinuierlich seinen Marktanteil. Gleichzeitig professionalisiert das Unternehmen sein Selbstverständnis als Markenartikler und verfeinert auf allen Ebenen seine Markenführung. Im Jahre 1991 wird in der Kommunikation erstmals das verlegerische Credo mit dem Claim „Mehr daraus machen. Mit GU.“ präzisiert, der zusammen mit der nun werblich ausgelobten Nutzenorientierung den Markenkern kontextualisiert: „GU Ratgeber werden nicht – wie ein Buch – nur einmal von Anfang bis Ende gelesen. GU Ratgeber werden benutzt. Und zwar tagtäglich. Von allen, die ihr Leben aktiv gestalten, die Tag für Tag mehr daraus machen wollen. Aus sich und ihren Ideen.“

GU

Mehr daraus machen.
Mit Gräfe und Unzer.
1986-1997

1991 flankiert der erste Markenclaim das Wort-Bild-Logo.

Mit der neuen Inhaber-Konstellation ergibt sich die Möglichkeit, strategisch in einem weiteren Geschäftsfeld Fuß zu fassen: Reiseführer. Unter der Marke Merian werden 1993 die ersten Bände der Pocketreiseführer-Reihe *Merian live!* ausgeliefert, die sich im überfüllten Marktsektor Touristik sofort erfolgreich behaupten können und gleichzeitig in fünf Sprachen erscheinen. Nach einer Änderung der Apothekenbetriebsordnung gelingt es Banzhaf 1994, Apotheken als neuen Fachhandelsvertrieb für die Ratgeber Gesundheit zu erschließen.

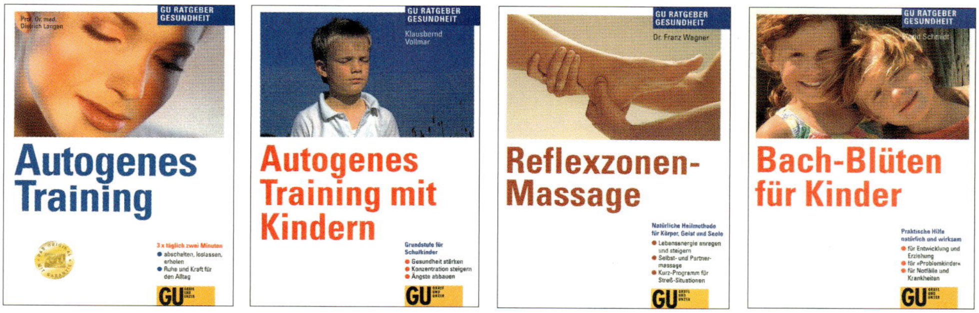

Im Frühjahr 1994 wird die Reihe GU Ratgeber Leben *in* GU Ratgeber Gesundheit *überführt. Als dann im Sommer desselben Jahres Apothekern die Erweiterung ihres Warensortiments um Gesundheitsbücher zur Stärkung ihrer Beratungskompetenz erlaubt wird, erschließt der Verlag erneut einen weiteren Absatzmarkt.*

VOM VERLEGERVERLAG ZUM MARKENARTIKLER

Mit der Transformation vom Heimatverlag mit gemischtem Programm zum Markenartikler und Spezialisten für Ratgeberliteratur veränderte Kurt Prelinger auch entscheidend das verlegerische Profil der Bewirtschaftungslogik. An der Spitze des Verlages stand nicht mehr eine Gründerpersönlichkeit mit Charisma und originaler Intuition, die mit verlegerischem Instinkt und Risikobereitschaft in ihrer strategischen Kundenorientierung die Zukunft des Hauses erschloss, sondern eine Geschäftsführung mit unternehmerischer Befähigung, die die Geschicke der Firma nach den Gesetzmäßigkeiten der modernen Markenführung lenkte. Die vielleicht größte unternehmerische Leistung Prelingers zur Zukunftssicherung bestand darin, dass der Verleger bestrebt war, hinter seine Invention zurückzutreten und der Marke im Wissen um deren soziologische Verwurzelung und Interaktivität Platz zu machen. Mit diesem Paradigmenwechsel mutierte das Haus jedoch nicht zum Managerverlag, der die Firma auf Rendite trimmte, um etwa Fremdinteressen oder Shareholderbedürfnisse zufriedenzustellen. Vielmehr waren fortan unternehmerisch denkende Führungskräfte gefragt, die eine hohe Stabilität und ein gesundes Wachstum in der Geschäftsentwicklung des Markenportfolios – der Markensonne GU und ihrer Satelliten – sicherstellten.

Paradigmenwechsel der Unternehmensführung.

Neue Geschäftsmodelle

Der neue Wirtschaftstypus setzte eine Ökonomie und Inwertsetzung der Verlagssteuerung in Gang, die nach den Maximen des binären Codes der Markenführung und der Programmlogik des Brandmanagements handelte. Das managmenterielle Repertoire konzentrierte sich vor allem auf Verkehrsgeltung und Ertragsziele der Marke GU, die höher priorisiert wurden als Umsatzzuwachs und kurzfristige Erfolge – zumal in einem familiengeführten Unternehmen wie der GVG, das keine Rücksichten auf Fremdinteressen nehmen musste und den Denkansatz von Gräfe und Unzer teilte. Entscheidend wurden vielmehr die langfristige gesellschaftliche Anschlussfähigkeit an den soziologischen Wandel und die wirtschaftliche Kraft, die wie zu Prelingers Anfangszeiten auch heute unablässig den Zielkorridor der Anpassungsfähigkeit des Hauses bis hin zu Social Media fordert.

GRUPPENSYNERGIEN UND COUP IM LIZENZGESCHÄFT

Das Lizenzgeschäft entwickelt sich immer stärker zu einer maßgeblichen Ertragssäule. West- und osteuropäische Verlage erwerben regelmäßig die Rechte an Produkten von Gräfe und Unzer, zunehmend aber auch englische und amerikanische Verlage – ein Novum für den Rechtehandel: traditionell verläuft der Rechteverkehr in der Einbahnstraße von den Buchhauptstädten New York und London in Richtung Kontinentaleuropa, beim Münchner Verlag ist es umgekehrt, er wird um die Jahrtausendwende jährlich über 300 Novitäten ins Ausland lizensieren. 1996 klettert der Umsatz auf 89 Mio. DM, der Verlag belegt den 29. Rang unter den größten Buchverlagen und den 9. Rang der größten Publikumsverlage Deutschlands.

Zu den spektakulärsten Lizenzerfolgen zählt in dieser Zeit die 26-bändige Reihe *Küchen der Welt,* von der der Time Life Verlag die Mail-Order-Lizenz erwirbt. In drei Sprachen übersetzt, bringt die Kooperation Gräfe und Unzer ab 1994 über 2 Mio. DM ein.

Ab 1993 wird das Programm um das neue Geschäftsfeld „Reisen" ergänzt, dem aus der Verbindung mit dem neuen Inhaber trotz überfülltem Markt gute Startaussichten bescheinigt werden. Die Pocket-Reiseführerreihe Merian live! *erscheint zeitgleich in fünf Sprachen und kann sich sofort erfolgreich etablieren. Ein Jahr später integriert das Haus auch den Bereich „Neue Medien", in dem die ersten digitalen Produkte* Merian Scout *und* Merian Screen, *interaktive Städteführer für Autonavigation, beheimatet sind.*

GU als Packager: In Kooperation mit Time Life erscheint ab 1994 die 26 Bände umfassende Reihe Küchen der Welt, *die zu einem der größten internationalen Erfolge des Verlages wird. Im Bild die deutschen Ausgaben von Frankreich und Österreich sowie die holländischen Lizenztitel von Time Life.*

Abgerundet wird das digitale Engagement im Jahr 1996 durch Kochvergnügen interaktiv, *eine CD-ROM mit 1111 Rezepten, und* Naturmedizin interaktiv, *den ersten Mulimedia-Ratgeber zur Naturheilkunde. Die Koch-CD-ROM kostet 49,80 DM,* Naturmedizin *wird zum Ladenpreis von 98,- DM angeboten.*

In Anlehnung an das neue Erfolgsformat der Echten italienischen Küche *wird der Backlist-Longseller* Kochvergnügen wie noch nie *nach einem misslungenen Relaunch (1991:* Das neue Kochvergnügen*) im Jahre 1996 in* Die echte-Jeden-Tag-Küche *mit zeitgemäßer Gestaltung überführt.*

1997 – DAS 275. JUBILÄUM DES GRÄFE UND UNZER VERLAGES

Mit dem 275. Jubiläum der Verlagsgeschichte schlägt Gräfe und Unzer ein neues Kapitel seiner Organisation auf: Im Mai 1997 beziehen die mittlerweile 112 Mitarbeiter des Hauses, die auf vier Dependancen in München verteilt waren,[31] das neue moderne Gebäude in der Grillparzerstraße 12 in München-Haidhausen, das bis heute Firmensitz ist. Das Bürokonzept wurde mithilfe der Firma congena entwickelt und orientierte sich nach skandinavischem Vorbild an einer offenen Etagenatmosphäre, die den beiden Leiterfordernissen Konzentration und Kommunikation entsprach. Die mit großen Glaswänden ausgestatteten Büros werden um eine geräumige Mittelzone als Ort der Begegnung und „Marktplatz“ angeordnet, der mit Teeküche und Besprechungsarealen ausgestattet ist.

Im selben Jahr verlässt Dieter Banzhaf das Unternehmen und Thomas Ganske ernennt Claudia Reitter auf Empfehlung von Banzhaf zur Vertriebschefin.

Seit 1997 ist die Grillparzerstraße 12 in München-Haidhausen der Firmensitz des Verlages.

Zum 275. Jubiläum erscheint die 4. Festschrift des Verlages: Gräfe und Unzer schreibt Geschichte 1722 – 1997, *in der natürlich auch Heinrich Eduard Gräfe und August Wilhelm Unzer gewürdigt werden.*

Dieter Banzhaf scheidet im Jubiläumsjahr aus und übegibt die Vertriebsgeschäftsführung an seine langjährige Mitarbeiterin Claudia Reitter.

An der Schwelle zum neuen Jahrtausend perfektioniert Gräfe und Unzer seinen Markenauftritt und feilt an Produktgestalt und Kommunikation. 1998 wird Gräfe und Unzer zur Dachmarke und GU zur eigenen Produktmarke. Im Jahr 1999 wird das neue charakteristische GU-Logo eingeführt, das bis auf kleine Anpassungen bis heute gültig ist. Jedes Buchcover erhält zur Kennzeichnung der Unverwechselbarkeit einen Hologramm-Aufkleber mit der Aufschrift „GU – das Original mit Garantie“. Dokumentiert und festgeschrieben werden die neuen Prinzipien der Markenführung in zwei internen Manuals, die normativen Charakter besitzen und Gestaltungsstandards definieren: dem Style Manual, das dem neuen Corporate Design der Produkte gewidmet ist, und dem Kommunikations-Manual, das den Messeauftritt, Marketingaktionen und Werbemaßnahmen bis zur sprachlichen Ausgestaltung regelt.

STRATEGISCHES PRICING: DIE „GELBE PEST"

Seit den 70er Jahren wurden in den Programmsegmenten Kochen, Gesundheit, Heimtier, Garten und Natur über 60 Reihenkonzepte entwickelt. Teilweise werden sie bis heute bewirtschaftet, bei einem Relaunch regelmäßig inhaltlich und optisch „grunderneuert" und auch beim Verkaufspreis neu justiert.

Als Markenartikel stehen „GU Ratgeber für maximale Qualität zu akzeptablen Preisen statt für akzeptable Qualität zu minimalen Preisen" (more-for-more-Strategie 2007). Was für jährlich über 10 Millionen GU-Käufer zur vertrauensvollen Kaufentscheidung führt, bedeutet für den Handel mehr Geld in der Kasse bei gleichbleibend hohen Absatzmengen.

Wie ist es dazu gekommen? Ein wesentliches Instrument zur Marktdurchdringung ist für den Verlag die Entwicklung von Buchreihen, bei denen das konzeptionelle Grundmuster eines originären Erfolgstitels durch thematische Variationen so lange weitergespielt wird, bis die Nachfrage spürbar nachlässt. Im Glücksfall tragen die Konzepte über Jahre, ja sogar über Jahrzehnte. Ein zweiter Hebel ist eine Preispolitik, bei der die absatzstärksten psychologischen Preisschwellen unter 5, 10, 20 oder 30 DM bzw. € je nach Kundenbedürfnis systematisch mit verschiedenen thematischen Reihen besetzt und ausgeschöpft werden. Dieses Preisschwellenkonzept wird über den jeweiligen Produktnutzen legitimiert, für den der Kunde bereit ist, einen angemessenen Preis zu bezahlen.

Vorreiter der Buchreihen sind ab 1967 *Arne Krügers Kochkarten*. Mit 5,80 DM sind die Kartensets Impulskaufartikel, die sich allein durch Frontalpräsentation im eigens entwickelten Verkaufsdisplay massenhaft verkaufen. Der Verlag erkennt, dass neben einer grundlegenden Reihen- und Preisstrategie die visuelle Vermarktung in maßgeschneiderten Präsentationselementen der dritte und entscheidende Garant für den Ausbau von Marktanteilen ist. Der Wettbewerb wird angesichts dieser Flächenpräsenz GU als die „gelbe Pest" bezeichnen.

An der Schwelle zu den 70er Jahren entsteht mit den *Feinschmecker-Kochbüchern* (1968) für 18,80 DM die erste Reihe unter der Preisschwelle von 20 DM. 1975 folgen die *Küchenratgeber*, deren Verkaufspreis mit 8,80 DM unter der 10-DM-Schwelle liegt. Beide Reihen erhalten individuelle Präsentationshilfen, die den Absatz massiv befördern. Mit 29,80 DM wird bereits ein Jahr später die nächste Preisschwelle unter 30 DM besetzt: Das erstmals jedes Rezept illustrierende Bildkochbuch *Kochvergnügen wie noch nie* (1976) verkauft sich 100.000-fach.

Die Dekade der 80er Jahre ist geprägt von zwei auf jeweils zehn Bände angelegte Kochbuchserien, die auch im Lizenzgeschäft Furore

1968, 18,80 DM

1975, 8,80 DM

1986, 4,95 DM

1996, 34,80 DM

machen: Mit *So schmeckt's noch besser*... und *Kochen - köstlich wie noch nie* (1983) werden die Preisschwellen unter 20 bzw. unter 30 DM abgedeckt. 1986 startet mit *...leicht gemacht* ein Einsteigerformat unter 5 DM und besetzt damit einen vierten strategischen Preispunkt.

15 Jahre nach Markteinführung erhalten die *Küchenratgeber* 1990 einen ersten Relaunch: Jedes Rezept ist ab sofort bebildert und exklusiv fotografiert, die Preisschwelle 10 DM wird konsequent verteidigt. 1997 folgt der 2. Relaunch und der Preis wird auf 12,90 DM angehoben. Mit 39,80 DM besetzen die gemeinsam mit dem Time Life als Mailorderprojekt konzipierten 26 Bände der *Küchen der Welt* (1994) eine neue Preisschwelle. Die 12-bändige *Küchenbibliothek* (1996) wird im dazwischen liegenden Preiskorridor für 34,80 DM verkauft. An der Schwelle zum neuen Jahrtausend startet mit *Basic cooking* (1999) eine innovative Bild- und Lese-Kochbuchserie für 29,80 DM bzw. nach Einführung der neuen Währung 2002 dann für 15 €. 2002 startet der 3. und 2006 bereits der 4. Relaunch der *Küchenratgeber* mit jeweils 24 Titeln zum Preis von 6,50 bzw. 7,50 €. Die neue Preisschwelle 30 € wird mit der Länderküche *Für die Sinne* (2002) besetzt. Als Geschenkbuch unter der Preisschwelle 10 € wird *Einfach clever* konzipiert, aus der Einsteigerserie *... leicht gemacht* wird 2007 *Just cooking* für 4,90 €.

2002, 9,90 €

2007, 4,90 €

In den Jahren 2013 und 2018 erhalten die am Markt fest etablierten Erfolgsreihen im Zuge einer jeweils neuen Produktästhetik modifizierte Layouts und eine veränderte Covergestaltung. Mit der *GU Kochen Plus App* wird der *Küchenratgeber* interaktiv.

Jan Wiesemann

DACHMARKE, PRODUKTMARKE, MARKENEVOLUTION

Im Zentrum des Neuauftritts steht das GU-Logo, das sich frischer, dynamischer und prägnanter zeigt, um ein eindeutiges und homogenes Markensiegel zu garantieren. Die Weiterentwicklung wirkt sich nicht nur auf die Cover aus, sondern betrifft auch die innere Gestaltung der Bücher.

Die Jahre 1998/99 sind auch das Erscheinungsdatum zweier neuer Erfolgsreihen, die in den kommenden Jahren maßgeblich das Programmportfolio von GU bereichern: *feel good!* und *Gartenspaß*. Neben den aufmerksamkeitsstarken Bestsellern *Basic cooking* und *forever young* sorgt vor allem Verona Feldbuschs *Kochen mit dem Blubb* für ein Highlight der Frankfurter Buchmesse.

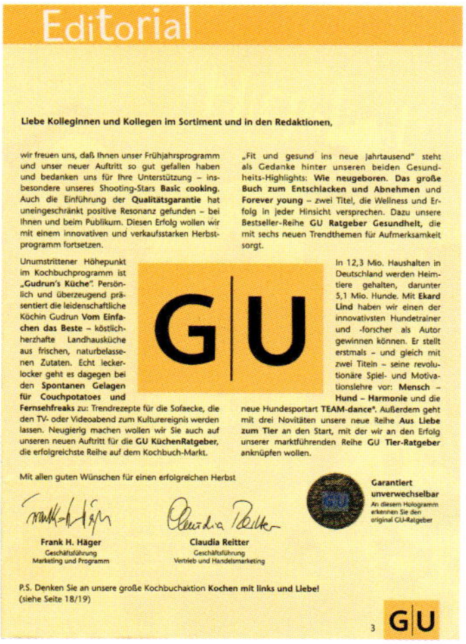

Editorial

Liebe Kolleginnen und Kollegen im Sortiment und in den Redaktionen,

wir freuen uns, daß Ihnen unser Frühjahrsprogramm und unser neuer Auftritt so gut gefallen haben und bedanken uns für Ihre Unterstützung – insbesondere unseres Shooting-Stars **Basic cooking**. Auch die Einführung der **Qualitätsgarantie** hat uneingeschränkt positive Resonanz gefunden – bei Ihnen und beim Publikum. Diesen Erfolg wollen wir mit einem innovativen und verkaufsstarken Herbstprogramm fortsetzen.

Unumstrittener Höhepunkt im Kochbuchprogramm ist **„Gudrun's Küche"**. Persönlich und überzeugend präsentiert die leidenschaftliche Köchin Gudrun **Vom Einfachen das Beste** – köstlich-herzhafte Landhausküche aus frischen, naturbelassenen Zutaten. Echt lecker-locker geht es dagegen bei den **Spontanen Gelagen für Couchpotatoes und Fernsehfreaks** zu: Trendrezepte für die Sofaecke, die den TV- oder Videoabend zum Kulturereignis werden lassen. Neugierig machen wollen wir Sie auch auf unseren neuen Auftritt für die **GU KüchenRatgeber**, die erfolgreichste Reihe auf dem Kochbuch-Markt.

„Fit und gesund ins neue Jahrtausend" steht als Gedanke hinter unseren beiden Gesundheits-Highlights: **Wie neugeboren. Das große Buch zum Entschlacken und Abnehmen** und **Forever young** – zwei Titel, die Wellness und Erfolg in jeder Hinsicht versprechen. Dazu unsere Bestseller-Reihe **GU Ratgeber Gesundheit,** die mit sechs neuen Trendthemen für Aufmerksamkeit sorgt.

In 12,3 Mio. Haushalten in Deutschland werden Heimtiere gehalten, darunter 5,1 Mio. Hunde. Mit **Ekard Lind** haben wir einen der innovativsten Hundetrainer und -forscher als Autor gewinnen können. Er stellt erstmals – und gleich mit zwei Titeln – seine revolutionäre Spiel- und Motivationslehre vor: **Mensch – Hund – Harmonie** und die neue Hundesportart **TEAM-dance®**. Außerdem geht mit drei Novitäten unsere neue Reihe **Aus Liebe zum Tier** an den Start, mit der wir an den Erfolg unserer marktführenden Reihe **GU Tier-Ratgeber** anknüpfen wollen.

GU

Mit allen guten Wünschen für einen erfolgreichen Herbst

Frank H. Häger
Geschäftsführung
Marketing und Programm

Claudia Reitter
Geschäftsführung
Vertrieb und Handelsmarketing

Garantiert unverwechselbar
An diesem Hologramm erkennen Sie den original GU-Ratgeber

P.S. Denken Sie an unsere große Kochbuchaktion **Kochen mit links und Liebe!** (siehe Seite 18/19)

3 GU

Das neue Corporate Design, das ab 1999 die nächste Stufe der Markenevolution prägt, schreibt für jedes Buchcover ein Hologramm vor, das die Garantie für Richtigkeit und Qualität eines jeden GU-Ratgebers verbürgt.

GRÄFE UND UNZER

1998 wird Gräfe und Unzer zur Dach- bzw. Firmenmarke, GU erhält damit den Status einer Produktmarke. Die Dachmarke wird ausschließlich im Business-to-Business-Bereich kommuniziert. GU gilt als ausgewiesene Premium-Marke im GuU-Portfolio.

Das Programmportfolio wird unmittelbar vor der Jahrtausendwende um die beiden Reihen Gartenspaß *und* feel good! *ergänzt.*

Kombucha wird zum Kultdrink der 2000er. GU thematisiert dieses Trendgetränk in einem eigenen Ratgeber mit Wissenswertem, Infos und natürlich mit Rezepten.

In der Reihe feel good! *erscheint 2000* Die magische Kohlsuppe *von Marion Grillparzer, die mit diesem Titel zur dauerhaften Bestsellerautorin des Verlages wird.*

Verona Feldbuschs Spinatkochbuch Kochen mit dem Blubb, *auf der Frankfurter Buchmesse 1999 öffentlichkeitswirksam vermarktet, eröffnet die Tradition der Markenkochbücher bei GU.*

BRAND MANAGEMENT UND SELBSTÄHNLICHKEIT

Die Grundlage für Design und Style Manuals liefert die Buch- und Markensemiotik. Das semiotische Potenzial des Trägervehikels Ratgeber erschöpft sich nicht in Texten und Textsorten, sondern umfasst auch die Materialität und Stofflichkeit des Einbandes, die Papierwahl, die Illustrierung und Fotografie sowie das Farbklima der kompositorischen Umsetzung. Um für die Marke Distinktionsgewinn gegenüber austauschbaren Produkten zu erzielen, ist es unabdingbar, eine Selektionsstruktur auf das Repertoire der Zeichenensembles anzuwenden, die als Reproduktionsmuster Familienähnlichkeit markiert und bei der formalen Umsetzung Gestaltdisziplin einfordert.

MARKENSEMIOTIK

Gestaltdisziplin und Distinktionsmerkmale.

Distinktionsmerkmale können demzufolge unterschiedlichen Zeichenrepertoires entstammen, zum prägenden Kennzeichen einer dauerhaften Unverwechselbarkeit werden sie nur dann, wenn sie nicht punktuell oder arbiträr eingesetzt werden, sondern strukturell miteinander verwoben und dauerhaft aufeinander bezogen sind. Im Design Manual werden diese Merkmale normiert. Zu den wichtigsten bei GU zählen Logo, Formate, Papier, Typographie, Bildsprache, Farbwelt, Cover und Layout. Ihr Navigationssystem entstammt der Vier-Farb-Welt.

Unverwechselbarkeit kreativ schöpfen

Distinktionskriterien kennzeichnen auch auf Kommunikation: „Ein unverwechselbares Markengesicht ist die wichtigste Voraussetzung für ein erfolgreiches Auftreten. Nur gleichbleibende Merkmale schaffen eine dauerhafte Präsenz von GU in den Köpfen der Konsumenten. Die Kernzielgruppe bilden Frauen, die nach Sinus im modernen Mainstream leben. Wichtige Teilzielgruppen sind aber auch die etablierten und jungen Trendsetter. Dieser CD-Leitfaden gibt die Richtung vor und sichert ein einheitliches Erscheinungsbild. Zu allen Fragen der Kommunikation von GU erhalten Sie hier eindeutige Antworten. Grundsätzlich gilt: Wer Marktführer ist, muss souverän und sympathisch auftreten, neue Wege gehen und immer einen Schritt weiter als der Wettbewerb sein. Die hier fixierten Regeln sind Gesetz und ein wichtiger Beitrag, den Erfolg der Marke GU abzusichern."[32]

Die Merkmale befeuern also nicht nur die Produkterotik des Verlages, sondern zahlen auch auf die unverhandelbaren Wertpositionen in der Kundenansprache ein: Sie zählen zum Erbhof der Marke GU und zu ihrem Vermögensbestand.

Zu den wichtigsten Instrumenten der Markenführung zählen die Manuals von GU, hier das dem Corporate Design gewidmete style manual *und das Kommunikations-Manual,* Der Corporate Design-Leitfaden zur GU Markenkommunikation, *beide aus dem Jahr 1999. Sie beschreiben formale Merkmalsensembles, fordern Gestaltdisziplin ein und sichern die Selbstähnlichkeit bei Produkt und Kommunikation.*

Die Gestaltungsrichtlinien der Handelskommunikation am Beispiel einer Couponanzeige (Quelle: GU-Kommunikationsmanual). Normiert sind nicht nur Farbwelt, Bildmotive und Präsentation der Bücher, sondern auch Copy, Störer und Bestellfeld.

MARKTFÜHRERSCHAFT, PRODUKTEROTIK UND VITALITÄT

Wirtschaftliche Langzeitbetrachtungen zur Entwicklung des Ratgebermarktes bildeten bis zum Jahre 2000 eine innere Proportionalität ab, die eine große Konstanz besaß. Die Segmente Kochen/Ernährung sowie Gesundheit/Lebenshilfe dominierten seit der statistischen Erfassung mit zusammen ca. 50 Prozent des Umsatzes den Gesamtmarkt, gefolgt von den Sektionen Kreatives Gestalten, Garten, Tiere und Natur. Seit der Wiedervereinigung boomte der Markt und hatte sich binnen zehn Jahren von 362 Mio. € Umsatz im Jahre 1989 auf 784 Mio. € im Jahre 1999, das den Höhepunkt der Entwicklung markierte, mehr als verdoppelt.[33]

GRÄFE UND UNZER IM MARKT: DIE KRAFT DER ZWEI HERZEN

Marktführerschaft im Teilmarkt Kochen seit 1975.

Gräfe und Unzer partizipierte aufgrund seiner inhaltlichen Profilierung überproportional am Wachstum. Nicht nur im mit Abstand bedeutendsten Teilmarkt Kochen war die Marktführerschaft bereits seit 1975 errungen, auch im Gesundheitssegment konnte der Verlag einen erfolgreichen Verdrängungsprozess abschließen und sich als Platzhirsch etablieren. Die „Kraft der zwei Herzen“, wie die GU-Allianz aus Kochen und Gesundheit später benannt wurde, war um die Jahrtausendwende der entscheidende Katalysator für die Erringung der Gesamt-Marktführerschaft über alle Warengruppen hinweg. Der Verlag profitierte insbesondere von der Interdependenz zwischen den beiden Kernsegmenten, dem „inneren Tidenhub“ des Ratgeberzyklus mit Blick auf die Lebens- und Alltagserfahrung: Auf die genussreichen Monate des Herbstes und der Weihnachtszeit, zu denen Kochbücher Hochkonjunktur hatten, folgten die Quartale des Abnehmens und der körperlichen Ertüchtigung, die den Absatz von Gesundheits- und Diätratgebern befeuerten. Mit dem Schlemmen war das Abnehmen strukturell verbunden. Im Jahr 2000 durchbricht Gräfe und Unzer erstmals die 100-Mio.-DM-Schallmauer und erwirbt die Marktführerschaft im kompletten Ratgebersegment. Der bis dahin an der Spitze stehende Falken Verlag mit Sitz in Niedernhausen, der seit Ende der 1990er Jahre zu Bertelsmann gehört, passt nicht zu dessen Konzernstrukturen und krankt am Lagerumschlag eines lieferbaren Programms, das über 2.000 Titel umfasst.

Basic cooking, *der Spitzentitel des Kochbuchprogramms 1999, läutet eine neue Ära des Distinktionsgewinns von GU ein. Konzept, Design und Zielgruppenausrichtung waren völlig neuartig – und doch GU-artig. Angesichts der avantgardistischen „Verpackung" rieb sich die Konkurrenz die Augen. Innerhalb von 10 Jahren wurden von den zur Reihe erweiterten* Basics *allein in Deutschland über 1,5 Mio. Exemplare verkauft, 17 Länder erwerben Lizenzen.*

forever young *von Ulrich Strunz ist der Leadtitel des Gesundheitsprogramms 1999. „Das Erfolgsprogramm" geht innerhalb eines Jahres 500.000-mal über den Ladentisch und wird im Herbst 2000 mit dem* Laufbuch *und dem* Kochbuch *komplettiert.*

GRÄFE UND UNZER IN DER GANSKE VERLAGSGRUPPE

Nicht nur mit Blick auf die bewirtschafteten Themenbereiche und ihre redaktionellen Herangehensweisen gibt es eine hohe Übereinstimmung zwischen dem Münchner Ratgeberverlag und dem neuen Inhaber in Hamburg. Wiederholt kommt es in den 1990er Jahren zu Kooperationen mit den Zeitschriften der Ganske Verlagsgruppe – etwa mit der *Für Sie*, für die eine gelabelte Reihe mit dem Content beider Häuser entsteht oder mit dem *Feinschmecker*, dessen Hotel- und Restaurantguide von Gräfe und Unzer vertrieben wird. Mit der Zeitschrift *Merian* ist man ohnehin über den Markennamen verschwistert. Nicht alle dieser Initiativen sind von dauerhaftem Erfolg gekrönt.

Die Kooperation mit der Frauenzeitschrift und Konzernschwester Für Sie *gipfelt um die Jahrtausendwende in einer umfangreichen Reiheninitiative, die den Themen Wellness, Kochen, Garten und Lifestyle gewidmet ist. Hier zwei Novitäten aus dem Jahr 1999.*

Wichtiger noch als solche naheliegenden Kooperationen ist die Übereinstimmung der beiden Firmenphilosophien, die sich dem Markenbewusstsein verschrieben haben und die von Anfang an die Überzeugung teilen, dass Marken in der Konsumgesellschaft für die Orientierung der Verbraucher eine immer stärkere Bedeutung einnehmen werden. Diese strukturelle Kongruenz in der Auffassung, als Markenartikler agieren zu wollen, führt zu grundsätzlichen Überlegungen der künftigen strategischen Ausprägung der gesamten Firmengruppe, die neben den erwähnten Zeitschriften und Buchverlagen über den Verlag Frölich & Kaufmann noch den Versandbuchhandel, mit dem Leserkreis daheim den Dienstleistungsbereich oder mit Hoffman und Campe Corporate Publishing die B2B-Kommunikation bewirtschaftet.

Dieses heterogene Portfolio benötigte eine gemeinsame, übergeordnete konzeptionelle Klammer, um das Wachstum der Gruppe perspektivisch führen und ihr gleichzeitig ein unverwechselbares Gepräge in der deutschen Medienlandschaft verleihen zu können. Deshalb gibt sich die Gruppe im Jahr 2000 nicht nur eine neue Führungsstruktur mit der Etablierung eines Vorstandes mit Sitz in Hamburg, sondern gießt ihre Markenphilosophie 2001 auch in ein *Markenhandbuch*, das die Grundsätze der Markenführung für alle angeschlossenen Unternehmen zusammenfasst und verbindlich regelt.

Der neu installierte Vorstand besteht aus Thomas Ganske als Vorstandsvorsitzendem, Karl Udo Wrede, der mit den Ressorts Treasury und Handel betraut wird, sowie den beiden ehemaligen Gräfe-und-Unzer-Geschäftsführern Häger und Notz, nun verantwortlich für die Sparten Buch und E-Medien bzw. Finanzen und Controlling. Für sie muss in München ein neues Management gefunden werden.

„Zweck dieses ausschließlich für den internen Gebrauch bestimmten Handbuches ist es, die vereinbarten inhaltlichen und formalen Gestaltungskriterien und -begrenzungen für die jeweiligen Marken zu dokumentieren", heißt es zu Beginn des *Markenhandbuches*, das zugleich die Markenmanuals für jede einzelne Marke der Gruppe dokumentierte.[34]

Die Markenstruktur der Ganske Verlagsgruppe am Beispiel von Gräfe und Unzer und seiner Produktmarken im Jahr 2008.

HOTEL HOHENHAUS

Die firmenprägende Typographie der Ganske Verlagsgruppe wurde von Willy Fleckhaus entworfen. Seine Gestaltung des Schriftzuges von Hotel Hohenhaus, das sich im Familienbesitz befindet, wurde stilprägend für alle Marken des Unternehmens.

GUT GEMACHT, ABER NICHT IMMER GUT GELAUNT INS NEUE MILLENIUM

Zu Beginn des neuen Jahrtausends wird der Markenclaim in „Gut gemacht. Gut gelaunt." umbenannt. Und GU fasst im Internet Fuß: Unter *www.gu-online.de* erhalten Nutzer aktuelle Informationen zu Verlag, Autoren und Büchern im Netz.

Das Jahr 2000 ist auch das Gründungsjahr des Imprints @book, das nach einem Testlauf 1999 mit der Zweitverwertung von GU-Substanzen im Niedrigpreissegment Marktanteile erringen soll. Im Herbst startet das Label mit 14 Titeln unter dem Pricing-Motto *more for less!* „ein trendiges, visuell herausragendes und prägnantes Programm für den immer größer werdenden Niedrigpreis-Buchmarkt."[35]

Teilmärkte des Ratgebersegmentes massiv unter Druck – der Gesamtmarkt schrumpft um 15 Prozent.

Zum selben Zeitpunkt verzeichnet die Buchindustrie erstmals seit 1989 einen Rückgang des Ratgeberumsatzes im Gesamtmarkt der privaten deutschen Buchnachfrage, die bei ca. 4 Mrd. € Umsatz nach Endverbraucherpreisen lag. Bis 2002 schrumpft das Ratgebersegment um 15 Prozent auf nunmehr 660 Mio. €, wobei die massivsten Einbrüche aufgrund des einsetzenden Medienwandels bei den Teilmärkten Fotographie, Computer/EDV und Finanzen zu verzeichnen sind. Der Markt trägt längst alle Züge eines reifen, gesättigten Marktes, dessen Kernsegmenten Kochen und Gesundheit jedoch nach wie vor Wachstumschancen bescheinigt werden. Die Substitution des Primärproduktes Buch durch elektronische Angebote beginnt vor allem Mischverlage mit breitem Programmprofil ohne klar konturiertes Gesicht und präzisen Zielgruppenzuschnitt zu affizieren.

Substanzverwertungen – Folge der Übersättigung

Die Initiative für @book erfolgt auf dem Höhepunkt der sogenannten „Imprinteritis", in deren Gefolge alle größeren Publikumsverlage am Boom des seit der Wiedervereinigung stark angewachsenen Ratgebersegmentes mit der Gründung von Imprint-Verlagen partizipieren wollten – allen voran der Weltbild Verlag in Augsburg. Imprinteritis steht dabei vor allem für eine durch Austauschbarkeit, Überproduktion und Qualitätsdefizite gekennzeichnete Angebotsschwemme, die ihr Heil in der Imitation suchte und dem Genre in der Branchenwahrnehmung kurzfristig empfindlichen Schaden zufügte. Der nun einsetzenden Marktbereinigung fallen nicht nur Weltbild-Verlage wie Augustus, Midena oder Bechtermünz zum Opfer, sondern auch Major Player wie der Falken Verlag, der jahrzehntelang Marktführer im Bereich der praktischen Ratgeber gewesen war. Seit dem Verkauf an Bertelsmann hatte er rasch an Kontur verloren und konnte in der belletristik- und sachbuchgeprägten, seit 2001 unter Random House GmbH firmierenden Buchsektion des Medienkonzerns nicht Fuß fassen. Zusammen mit dem Desinvestment von Weltbild befeuert das Schließungsszenario von Falken schließlich im Sortiment die Vorstellung einer allgemeinen Ratgeberkrise, die genrebedingt und mithin selbstverschuldet sei – eine Vorstellung, gegen die arrivierte Premiumanbieter wie Gräfe und Unzer, Ulmer, Kosmos und BLV mit ihren Qualitätsprogrammen hartnäckig ankämpfen. Sie alle werden gestärkt aus der Krise hervorgehen, das Schicksal von @book aber ist durch die Übersättigung und Marktbereinigung 2003 besiegelt.

Mit der Gründung des Imprints @book versucht der Verlag 2000 im Niedrigpreissegment über Zweitverwertungen von GU-Content Fuß zu fassen. Das Themenspektrum erstreckt sich über alle Kernkompetenzen bis hin zur Reise. Angesichts der umfänglichen Marktbereinigung in Folge der Imprinteritis, der drei Jahre später auch @book zum Opfer fällt, und der damit drohenden Schwemme von Niedrigpreis-Ratgebern wird die Geschäftsführung von GU „Durchtauchen“ als strategisches Motto für das Jahr 2003 wählen.

HUNGRIG AUF AKQUISITION

Mittlerweile führt Gräfe und Unzer unter der Firmenmarke vier Produktmarken: GU, @book, die Merian Reiseführer und die Feinschmecker Edition, eine Marken-Kooperation mit der Zeitschrift des Jahreszeitenverlages, in der u. a. Eckart Witzigmanns *Crossover Küche* erscheint. Abgesehen von @book steht der Verlag für erfolgreiche Premiumprodukte, die, so das Markenhandbuch mit Blick auf die B2B-Kommunikation, „Umsatz und Lagerumschlag garantieren".[36]

In der Feinschmecker-Edition erscheinen unter dem Dach von Gräfe und Unzer hochpreisige, opulent bebilderte Einzeltitel, darunter die Kap-Küche *(1998), Stefan Marquards* Kochschule *und Eckart Witzigmanns* Crossover Küche *(beide 2000), in der der Jahrhundertkoch eine kulinarische Weltreise durch fünf Kontinente unternimmt.*

Auch das Jahr 2001 steht für die Münchner ganz im Zeichen der Expansion: zunächst wird von Gräfe und Unzer nach mehr als 25-jähriger erfolgreicher Vertriebskooperation die Teubner Edition übernommen, dann folgt die Akquisition des Hallwag-Buchverlages, der wegen seiner hochwertigen Weinliteratur internationales Renommee besitzt.[37] Mit diesen beiden eingeführten Premium-Marken im hohen Preissegment rundet der frischgebackene Marktführer sein Markenportfolio nach oben ab.

Erwerb des Hallwag-Buchverlages.

Als im selben Jahr die Geschäftsführer Häger und Notz in den Vorstand der Ganske Verlagsgruppe berufen werden, hinterlassen sie der neuen Geschäftsführung ein gut bestelltes Haus. Umsatz, Ertragskraft und Marktanteile mögen in den darauffolgenden Jahren kräftig nach oben geschnellt sein, die Ursachen dafür liegen aber in den Weichenstellungen der Sattelzeit um die Jahrtausendwende. Wenn der Chronist Forstreuter 1932 schreibt, dass Hartung die Eckartsche Buchhandlung wie eine reife Frucht in den Schoß fiel, dann gilt dies mutatis mutandis auch für die Situation von 2002: Das Feld ist bestellt, vielleicht etwas lückenhaft kartiert und an einigen Stellen überdüngt, es mag auch über die Marketingbotschaften etwas enthusiasmisiert daherkommen, aber der Prototyp der künftigen Geschäftsausrichtung ist geschaffen.

Der langfristige Ausbau der Marktführerschaft erstreckt sich ab Mitte der 1990er Jahre auch auf die Vertriebssatelliten Teubner und Hallwag: im Bild Das große Buch der Schokolade *von Teubner (1996), zu dem Eckart Witzigmann die Dessertideen beisteuert, sowie Hallwags* Aus Italiens Küchen *in der 13. Auflage von 2000, ein Klassiker des Verlagsprogramms.*

20
02

20
10

"

TRADITION UND DYNAMIK

2002 wird eine neue Geschäftsführung installiert, die ein Unternehmen im Aufschwung übernimmt. Aus heutiger Sicht lässt sich konstatieren, dass der Scheitelpunkt der jüngeren Verlagsgeschichte die Zeitspanne um die Jahrtausendwende war, eine neue Sattelzeit, die dem Verlag mit der Erweiterung des Markenportfolios um Teubner und Hallwag, dem neuen Corporate Design und den Programmerfolgen von *Basic cooking* und *forever young* eine Schubkraft verliehen, die den Vorsprung des Hauses vor der Konkurrenz nachträglich zementierten. Das Muster und die Voraussetzungen für perspektivisches Wachstum waren geschaffen und mussten von der neuen Geschäftsführung nun klug interpretiert werden.

GU AB 2002 – GELUNGENER STABWECHSEL

// 2002 wird Georg Kessler Nachfolger von Frank Häger als verlegerischer Geschäftsführer und fungiert ab 2003 gleichzeitig als Sprecher der Geschäftsführung. Ebenfalls 2002 stößt Günter Kopietz, der die Geschäftsführung Marketing und Vertrieb der zu Random House wechselnden Claudia Reitter übernimmt, sowie Urban Meister 2003 als kaufmännischer Geschäftsführer hinzu. Zusammen treibt die Geschäftsführung die zukunftsgerichtete Neuausrichtung von Gräfe und Unzer mit klarer Positionierung der drei Produktmarken GU, Teubner und Hallwag voran.

Die Geschäftsführung von Gräfe und Unzer ab 2002: Georg Kessler (Programm, Sprecher der Geschäftsführung, links) und Günter Kopietz (Marketing und Vertrieb). Urban Meister stößt 2003 als kaufmännischer Geschäftsführer hinzu.

Als die Integration von Teubner und Hallwag abgeschlossen und die Programmkontinuität aller drei Verlage sichergestellt sind, konzentrieren sich die Überlegungen auf die mit Abstand wichtigste Marke im Portfolio, die im inneren Sprachgebrauch aufgrund ihrer dominierenden Farbgebung so bezeichnete „Markensonne" GU. Die formale Pionierphase war mit dem neuen Corporate Design abgeschlossen, nun wird eine Identitätsphase eingeläutet, die der äußeren Identität der Maßkonfektion bei Produkt und Kommunikation eine innere Identität in Form einer Programmausprägung verleihen soll, die Anschlussfähigkeit an den künftigen gesellschaftlichen Wandel würde besitzen müssen.

Der damit einhergehende Paradigmenwechsel der verlegerischen Grundausrichtung vom Handel zur Kundschaft ist dem Gedanken verpflichtet, dass der seit Banzhaf praktizierte vertriebskanalgestützte, handelsorientierte und tandemgeprägte Geschäftsfeldmix in eine verbraucher- und kundenorientierte Konzeption überführt werden muss, die sich an den Bedürfnissen und Werteinstellungen der Kernzielgruppen des Verlages ausrichtet.

KOMPASS UND KARTE

GU Markenarchitektur

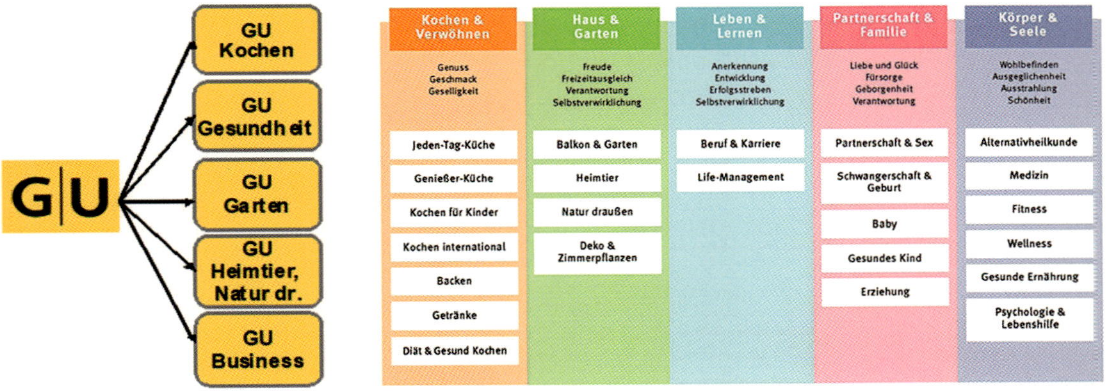

Paradigmenwechsel in der verlegerischen Grundausrichtung: vom vertriebskanalorientierten Geschäftsfeldmix, der auf Buchhandel, Hausratsfachhandel, Apotheken, Gartencenter und Zoofachhandel zugeschnitten war (links), zur kundenbezogenen Markenarchitektur ab 2002, in deren Fokus die Bedürfnisse der Kunden stehen.

Der Handel war demzufolge nur eine Zwischenstufe auf dem Weg zur Kundenbindung. Zur Blaupause der inneren Identität wird die neue Programm-Markenarchitektur, die horizontal in fünf Erlebnisfelder und vertikal in bis zu sieben Themenschubladen aufgefächert ist, die dem Faltenteppich der Erlebnisfelder zugeordnet sind. Die Markenarchitektur ist, wie in der Vergangenheit, eng mit der Erhebungsmethodik des psychografischen Modells der Sinus-Milieulandschaft und deren „Kartoffelgrafiken" rückgekoppelt: aus dieser rekrutieren sich die künftigen Kern- und Leitzielgruppen Gräfe und Unzers.

Zur aktuellen evolutionären Stufe der Markenentwicklung zählt auch ein neuer Markenkern, der nun „Lebensfreude" lautet. Ebenso wird der bis zu diesem Zeitpunkt gültige Markenclaim „Gutgemacht. Gutgelaunt." aufgrund des Wertewandels und der politischen Ereignisse um 9/11, die das Ende der Spaßgesellschaft einläuten, in „Willkommen im Leben" umgewandelt.

Das verlegerische Prinzip

Das verlegerische Prinzip, das der Markenarchitektur zugrunde liegt, ist Empathie. Diese wird verstanden als Einfühlungsvermögen in die Werte-, Bedürfnis- und Motivwelt der Verbraucher, aus denen Leser, Käufer und Kunden langfristig gebunden werden sollen. Dazu ist es erforderlich, das Kaufverhalten der Zielgruppen im Vorfeld zu antizipieren, ihre Gemütszustände, Wünsche und Motivationen zu ermitteln, um dann wie in einem „inneren Dialog" mit der Zielgruppe heraus den Resonanzboden für die Produktentwicklung zu schaffen. Dadurch wird der Unterschied zu schöngeistigen oder Sachbuchverlagen aus Sicht der Empathie besonders evident: nicht der kulturelle Auftrag, nicht die verlegerische Ambition oder das Sendungsbewusstsein einer Einzelperson oder Gruppe zählen, nicht der Kuss der Muse oder die Angebotssituation auf dem literarischen Markt, nicht das neue Werk des ausgewiesenen Bestsellerautors oder hoffnungsvollen Talents. Sondern die Fähigkeit, ganz bestimmten Marktteilnehmern auf Augenhöhe zu begegnen, möglichst viele Informationen über ihre Lebenssituation zusammenzutragen und auszuwerten, einen thematisch relevanten Bezug zu ihren Bedürfnissen herzustellen und für diese maßgeschneiderte Problemlösungen in Form von Buchprodukten zu liefern.

Empathie wird zum Betriebssystem der Programmarbeit.

Damit wird das Unternehmen auf eine neue Firmenphilosophie eingenordet, die sich – wie in der jüngeren Vergangenheit – ausschließlich auf ratgeberische Inhalte fokussieren soll. Als Folge der Konzentration auf diese Kernkompetenzen wird der Reisebereich um Merian 2003 ausgegründet und in die Travel House Media GmbH integriert. Zum zweiten Mal nach 1985 kommt es zur Trennung von einem Programmsektor, um höhere Marktanteilsziele zu ermöglichen. Ende 2004 erreicht der Verlag mit 60 Mio. € Umsatz ein historisches Rekordergebnis.

KAMPAGNENMECHANIK: „WILLKOMMEN IM LEBEN. DAS BUCH ALS SPIEGEL."

Seit den 1970er Jahren sind die elementaren Säulen der Verlagskommunikation die beiden großen Aktionen zu den Themen Kochen und Gesundheit, die die konsequente Handelsorientierung unterstreichen. Der Verlag unterstützt das Sortiment ab 1974 bei der Dekoration von Kochbuch-Schaufenstern, startet 1977 mit der Aktion „Gesundheit heute" und erreicht 1980 bei der „Großen Koch- und Weinbuchschau" eine Rekordteilnahme von 1.500 Sortimenten. Die Handelsflächen bleiben der Nukleus der immer wieder neu inszenierten Kampagnen.

Mit der neuen Markenarchitektur ändert sich ab 2002 die strategische Programmplanung fundamental: Die konsequente Orientierung an den Bedürfnissen der Kunden ermöglicht völlig neue Dimensionen bei der Entwicklung und Vermarktung passgenauer Inhalte. Im neuen Claim „Willkommen im Leben" und der „GU Erlebniswohnung" von 2005, einer rund 20 qm großen möblierten Inszenierung alltäglicher Wünsche und Bedürfnisse, wird das neue Selbstverständnis der Marke sicht- und greifbar. Konsequente Weiterentwicklung der in der *GU Markenverfassung* (2006) hinterlegten Zielgruppenorientierung ist seit 2009 die neue „Kampagnenmechanik", in deren Fokus anlass- statt themenbezogene POS-Inszenierungen umgesetzt werden. Damit werden die monothematischen Aktionen als Fundament der Markenkommunikation im Handel durch integrierte Kampagnen mit modularen Deko-Elementen und multimedialer Kommunikation auf allen Print- und Online-Kanälen ersetzt.

Die Kampagnenmechanik der neuen Markenarchitektur spiegelt die Bedürfnisse, Wünsche und Sehnsüchte der Kundschaft, erfüllt die Erfordernisse des Handels und sorgt für eine nachhaltige Stärkung der Marke.

Jan Wiesemann

Key Visual der ersten „GU Schenken-Kampagne" von 2009, entwickelt von JungvonMatt.

Die „GU Erlebniswohnung", Hugendubel München-Riem, 2005.

DURCHDEKLINIERTE MARKENENERGIE

Als GU um die Jahrtausendwende zur Instanz und Benchmark im deutschsprachigen Ratgebermarkt wird, orchestriert der Verlag alle seine Aktivitäten um seine Stellung als Markenartikler. Auf der Doppelseite drei Beispiele für die durchdeklinierte Markenenergie auf Reihenebene.

Methodisch ausgefeilt: Die Nutzanwendung erringt Titelstatus und wird beim Konzept der Quickfinder-*Reihe auf den Begriff gehoben. Hunderttausende Exemplare werden von ihr ab 2005 verkauft. Diagramm-Tafeln und Griffleiste garantieren schnellen Suchmodus und zielsichere Problemlösung. 34 Bände werden entwickelt, im Bild die Quickfinder* Homöopathie *(2005),* Gartenjahr *(2009) und* Schüssler-Salze *(2018).*

„Rohre auf dem Verputz“: Nach diesem Motto (in Anlehnung an Funktion und Design urbaner Workspace-Atmosphäre) entwickeln die Erfinder der Basic*-Reihe, Sabine Sälzer und Sebastian Dickhaut, ab 2004 funktional reduzierte Basisratgeber in minimalistischer Schwarz-Weiß-Optik, die bewusst einen Kontrapunkt zur Stilistik von GU setzen sollen. Den Auftakt bildet* Kochen! Das Gelbe von GU, *ein Grundkochbuch mit 1.295 Rezepten zum Preis von 12,95 €.*

2009 wird mit Kochen! Das Goldene von GU *(aktuell in der 15. Auflage) ein neues Format geboren, das mittlerweile 12 Titel umfasst. Mit ihm wird die Gattung der Grundkochbücher zeitgemäß und modern interpretiert. Die umfangreichen Bände vereinen die Rezept-Highlights aus dem Fundus von GU zu einem attraktiven Preis.* Vegetarisch! *erscheint 2014,* Schlank! *2021.*

REIFEGRAD DER MARKENFÜHRUNG

Den Reifegrad der Markenführung spiegeln die internen Manuals wider, die bis 2007 als Navigationswerkzeuge von der Geschäftsführung entwickelt werden. Sie besitzen ebenso normativen Charakter wie das Design und das Kommunikations-Manual und strukturierten die der Selbstähnlichkeit verpflichteten Leistungsmerkmale der Marke GU.

Das content manual *von 2006: Ergänzend zum formalen „Typogramm" des* Design Manuals *bildet das inhaltlich geprägte* content manual *das „Textogramm" der Markenprodukte ab. Es ist der Sprache der Bücher gewidmet und beschreibt diese nicht als Zielgruppen, sondern als Stilgruppen. Zusammen mit dem nach außen in Richtung Handel und Kunden gerichteten Kommunikationsmanual, dessen präskriptiven Charakter es teilt, bewirkt es die Corporate Language der Marke GU.*[38]

ZIELGRUPPEN-MANUAL

Das *Zielgruppen-Manual* von 2004 bringt die visuelle Markenidentität von GU mit Blick auf die Kunden auf den Punkt. Dazu werden mit hohem internen Aufwand drei GU-„Role Models“ mit Namen Marion, Julia und Tanja identifiziert, die prototypisch die geheimen Wünsche, Sehnsüchte, Ängste und Träume der GU-Leserinnen zeigen. Destilliert aus und rückgekoppelt mit den Sinus-Milieus werden sie mit fiktiven Biografien ausgestattet und über alle relevanten Lebensstilszenarien sprachlich und visuell abgebildet. Dieser Molièresche Ansatz verhilft zu großer Plastizität in der Ausrichtung wie auch Wahrnehmung der Marke im B2B-Bereich. Damit können nicht nur die Markenarchitektur und das Empathiemuster lebendig inszeniert werden, sondern auch der kreative Prozess der Produktentwicklung und Marketingkonzeption besser gesteuert werden. Es wird 2008 um das *Zielgruppen-Manual 55plus* erweitert, um die Kaufkraft der Silver Generation besser abschöpfen zu können.

MARKENVERFASSUNG

Mit der *Markenverfassung* versucht sich GU 2006 ein Regelwerk für den Alltagsgebrauch zur „signifikanten Erhöhung der Markenleistung“ zu geben, das alle Unternehmensbereiche umfasst und jeden Mitarbeiter betrifft. Die 127 Regeln der Verfassung werden mit Unterstützung des Genfer Institutes für Markentechnik formuliert und dienen in erster Linie dem Schutz und der Absicherung der aufgebauten Markenwerte. Die Regeln, die für jeden Mitarbeiter verbindlich sind, kollidieren teilweise mit den kulturellen Wertvorstellungen des internen Leitbildes. Ihr Anspruch auf lückenlose Inkorporierung, ihre Tonality und ihr stilistischer Rigorismus sind der Umsetzung abträglich. Der Gewissheitsmodus kann nicht in den Überzeugungsmodus überführt werden.

Die GU-Markenverfassung *von 2006.*

◀ *Blick durchs Schlüsselloch: Das* Zielgruppen-Manual *von 2004 visualisiert am Beispiel der Role Models Marion, Julia und Tanja die Lebenswelten der Kernzielgruppen, hier anhand der Einstellungsmuster zu gesunder Ernährung und Psychologie & Lebenshilfe im Programmsegment Gesundheit (GU-Terminologie: „Körper & Seele“).*

NEUE PRODUKTTYPEN

Ab dem Jahr 2003 beginnt GU sein Buchprogramm erfolgreich um Buch-Plus-Produkte und Boxen zu erweitern, die bis heute feste Bestandteile des Verlagsangebotes sind. Der Charme dieser Angebotsform besteht im Convenience-Aspekt, der die Kompetenz der inhaltlichen Aussage mit der Praktikabilität der unmittelbaren Anwendung verbindet, sozusagen das integrierte Tandemkonzept auf Produktebene.

Die Innovation für den Nebenmarkt

Den Startschuss eröffnet nach einem Testlauf im Fachhandel 2003 das *Muffin-Set,* ein Bundle aus dem *Küchenratgeber Muffins* und einer 12-Loch-Backform, dessen Abverkauf sich bis heute auf 900.000 Exemplare summiert und das insbesondere im Nebenmarkt Plätze erobern kann. Es folgen das *Cocktail-* und das *Grill-Set,* und der Programmbereich wird im Laufe der Jahre auf über 50 Buch-plus-Produkte ausgebaut. Der Gesamtabsatz liegt bei weit über 2 Mio. Exemplaren.

Eine weitere Innovation, die für die Produkttypenvielfalt des Hauses steht, bilden die Boxen. In der neuen Produktlinie entstehen Backlistklassiker, die seit Jahren regelmäßig auf den vorderen Plätzen der Bestsellerlisten platziert sind.

Seit 2003 zählen die Boxen zum festen Programmbestandteil. Hier die Yoga Box *von 2003, die* Katzen-Clicker-Box *von 2013 (Absatz über 140.000 Exemplare) und die* Glow Box *von 2020.*

Die Buch-Plus-Sets werden ebenfalls ab 2003 produziert. Über 50 Artikel wird diese Produktlinie umfassen, zu den erfolgreichsten zählen das Muffin-Set *von 2003, das* Pralinen&Konfekt-Set *von 2011 und* Cake-Pops-Set *von 2014.*

CORPORATE DESIGN VON 2006

2006 gibt sich GU ein neues Gesicht. Das Corporate Design wird mithilfe der langjährigen Lead Agentur Independent Medien Design komplett überarbeitet – ein Verjüngungsschnitt im Sinne der evolutionären Weiterentwicklung. Die neue Produktästhetik mit Kopierschutz hebt hervor: „Die neuen formalen und gestalterischen Elemente reduzieren die Cover auf ihre Kernaussagen und geben jedem Buch eine eindeutige Herkunft mit authentischem, fast magischem Charakter." Das Highlight des Programms ist in diesem Jahr *Schlank im Schlaf.*

ÄSTHETISCHER IMPERATIV

Der normative Charakter der Selbstähnlichkeit einer Marke ist durch stilistische Führung und freiwillige Gefolgschaft gekennzeichnet. Die freiwillige Gefolgschaft der gestaltenden Kreativ-Abteilungen im Hause wiederum lässt sich durch den Begriff der Strukturierten Phantasie auf den Punkt bringen, welche die Gestaltpotenziale begrenzt und gleichzeitig fruchtbar auszuschöpfen vermag. Dies trifft insbesondere auf inhaltliche und formale Erfolgsmuster der Konzeption oder Gestaltung zu, die programmstrukturell auf Reihen- und Einzeltitelebene nutzbar gemacht werden können. Diese Erfolgsmuster wiederum sind im Grunde poetologisch zu fassen und geschmacklich-ästhetischer Natur. Sie können nicht mit betriebswirtschaftlichen Kriterien beschrieben werden. In ihnen tritt gewissermaßen das Je-ne-sais-quoi der Marke auf.

Das neue Corporate Design schreibt für Buchrücken grundsätzlich gelbe Flächen vor.

Mit der neuen Produktästhetik 2006 unterstreicht der Marktführer seine Alleinstellung. Auch die Küchenratgeber *– seit 30 Jahren erfolgreichste Kochbuchreihe der Welt – starten mit 24 Titeln im neuen Outfit.*

An die Spitze der Bestsellerliste 2006 katapultiert sich Schlank im Schlaf *von Detlef Pape. Nach TV-Auftritten werden von seinem Diätratgeber mit der „revolutionären Formel" bis Ende 2007 über 400.000 Exemplare verkauft. Im selben Jahr erscheinen die Fortsetzungsbände* Das Kochbuch *und der* 4-Wochen-Power-Plan.

KUNDENLOYALISIERUNG IM FOCUS

„Seitens Marketing und Vertrieb steht das Jahr 2007 im Zeichen von „Kundenloyaliserung" und trägt dem veränderten Verbraucher- und Mediennutzungsverhalten der Kundschaft Rechnung: zu den Maßnahmen der Kundenbindung zählen u. a. die erweiterte GU-Garantie, der neu eingerichtete Leserservice mit Expertensprechstunden mit Autoren sowie das GU-Mobil, mit dem aufmerksamkeitsstarke Impulse auf Messen und Veranstaltungen erzielt werden. Dabei verfolgt der Verlag von seinem Rollenverständnis her keine Pionierstrategie im Sinne des Diffusionsmarketings, sondern definiert sich als *early follower*, der aufgrund seiner bedarfsgestützten Ausrichtung an Volumenthemen ausschließlich auf Trends reagiert – und hier in erster Linie auf sich abzeichnende Megatrends, die als Ausdruck gesellschaftlicher Tiefenströmungen geerdet sind.

Auch gegenüber dem Handel muss die Kundenkommunikation – die Form und Stilistik der Vertriebsoberfläche – markenspezifisch aufrecht erhalten bleiben. Da GU-Produkte Langzeitgüter sind, legt der Verlag sehr viel Wert auf die Reproduktion GU-typischer Vertriebskomponenten. Diese Komponenten werden fortan im *Vertriebsmanual* beschrieben, das sich auf das Kundenbeziehungsmanagement fokussiert und die standardisierte Vertriebs- und Kundenkommunikation festlegt.[39]

Zu den Maßnahmen der Kundenbindung zählt neben dem neu eingerichteten Leserservice mit Autorensprechstunde auch das GU-Mobil, das bei Autorenveranstaltungen und Messeauftritten eingesetzt wird.

DER „GELEBTE KONJUNKTIV"

Die Kundenorientierung und -bindung von Ratgebern rückt mit dem wachsenden Bewusstsein für deren wirtschaftlichen Bedeutung bei der privaten Buchnachfrage in der Mitte der ersten Jahrtausenddekade auch in den Focus der alltagskulturellen Forschung. Dabei tritt an die Seite der nutzengeprägten Wissensvermittlung, Problemlösung und Entlastungsfunktion von Ratgebern auch deren „symbolische Aneignung lebensweltlicher Arrangements",[40] die als Projektionsflächen für identitätsstiftende Sinnangebote gedeutet werden können, welche die Realität schuldig bleibt. Der Kauf von Ratgebern wird damit zum „gelebten Konjunktiv".[41]

Dieser Befund dürfte auf einen Großteil der Lebenshilfe-Ratgeber zutreffen. Wie alle Massenmedien offeriert auch GU mit seinem Programm Wirklichkeitskonstruktionen, die als Reflexe weit verbreiterter Bedürfnislagen aufgefasst werden können.

GARANT FÜR VERKEHRSGELTUNG: GU KOMPASSE

Ab 1976 stellen die Naturkompasse die Serienreife dieses Formats unter Beweis, woraufhin der Verlag das Modell auf alle Programmbereiche und unterschiedliche Preisklassen anwendet. In den nachfolgenden Jahren erscheinen mehr als 130 Titel in dieser Darreichungsform, deren Themen von Kochen und Diäten über Gesundheit, Garten und Heimtier bis hin zu Lebenshilfe und Reise reichen. Die ebenso breite wie erfolgreiche Programmoffensive trägt erheblich zur Verkehrsgeltung der Marke GU bei Handel und Kundschaft bei.

Im Bild die Süßwasserfische *von 1986,* Wildkräuter *von 2004,* Nährwerte *von 2008 sowie* Gewürze *aus dem Jahr 2013. Aufgrund der Alleinstellung und Allgegenwärtigkeit des Formates konnte nach der Expansionsphase auf die Reihenbezeichnung verzichtet werden. Für ihre Präsentation am Point of Sale werden eigene Verkaufshilfen entwickelt, die an Bahnhöfen und Flughäfen große Akzeptanz finden.*

GU LEGT BEIM MARKTANTEIL ZU UND GRÜNDET KOCHPORTAL

Die Imagedelle und kritische Beleumundung, die dem praktischen Ratgeber seit der durch die Imprinteritis verursachten Marktbereinigung anhaftete, führte zu einer engen Vernetzung zwischen den auf dieses Genre spezialisierten Traditionshäusern. Der Handlungsbedarf entzündete sich nicht nur an der mangelhaften Repräsentanz der Ratgeberverlage in den Ausschüssen des Börsenvereins, der den praktischen Ratgeber stets nur aus den Augenwinkeln betrachtete, sondern vor allem auch an der fehlenden Transparenz hinsichtlich seiner tatsächlichen wirtschaftlichen Bedeutung für das Sortiment und die Buchindustrie.

Der Arbeitskreis Ratgeber (AkR) wird im Börsenverein gegründet.

Um dieses zentrale Motiv kreisten die Diskussionen im Oktober 2003, als sich auf der Frankfurter Buchmesse das „Gründungskonvent" des ein Jahr später ins Leben gerufenen Arbeitskreises Ratgeber im Börsenverein (AkR) zusammenschloss: die Verlage BLV, Droemer Knaur, Gräfe und Unzer, Kosmos und Ulmer. Sie wollten sich, wie es später formuliert wurde, ihr „eigenes Energiefeld"[42] schaffen. Die spartenübergreifenden Überlegungen der Teilnehmer zielten vor allem auf eine stichhaltige Leitdifferenz zwischen Ratgeber und Sachbuch, dem praktische Ratgeber bis zu diesem Zeitpunkt zugeordnet waren. Dies konnte nur durch die Etablierung einer neuen Warengruppensystematik gelingen, der eine verbindliche definitorische Abgrenzung von Ratgeber und Sachbuch zugrunde lag.

NEUE WARENGRUPPENSYSTEMATIK

Der Vorschlag, den der AkR daraufhin dem Verlegerausschuss als Empfehlung vorlegte, wurde von den Fachausschüssen des Börsenvereins als neuer Branchenstandard verabschiedet und am 1. Januar 2007 als neue Warengruppensystematik (WGSneu) aus der Taufe gehoben. Der Ratgeber wurde jetzt als neue Hauptwarengruppe 4 institutionalisiert, als „handlungs- und nutzenorientiert für den privaten Bereich" definiert und damit sowohl vom Sachbuch („wissensorientiert mit primär privatem Nutzen") als auch vom Fachbuch („handlungs- bzw. wissensorientiert mit primär beruflichem oder akademischem Nutzwert") abgegrenzt. Dieser bedeutsame Einschnitt in die Branchensystematik wurde anschließend zur neuen Basis einer Markterhebung, die nach einem mehrmonatigen branchenweiten Zuschlüsselungsverfahren die Vermutung des AkR bestätigte, dass Ratgeber mit weitem Abstand Hauptumsatzträger der alten Warengruppe 4 bildeten. Ihre tatsächliche wirtschaftliche Bedeutung wurde von media control GFK INTERNATIONAL erstmals am 2. Juli 2007 beim 7. AkR-Treffen in den Räumen von Gräfe und Unzer präsentiert, wozu die Marktforscher den neuen Branchenschlüssel in einer Simulation auf das Kalenderjahr 2006 anwendeten. Hatten demnach Sachbuch und Ratgeber zusammen nach der alten Warengruppensystematik mit 684 Mio. € Umsatz und einem Marktanteil von 17 Prozent den zweiten Platz hinter der Belletristik besetzt, so wurde dieser Rang nach der WGSneu fast gänzlich vom Ratgeber beansprucht. Die neue Warengruppe 4 Ratgeber rangierte auf Anhieb mit über 16 Prozent als zweitwichtigste Literaturgattung hinter der Belletristik (32 Prozent) und vor dem Jugendbuch (12 Prozent) und dem Sachbuch (9 Prozent) auf Platz 2. Durch die neue Transparenz konnte GU seinen Marktanteil um 30 Prozent auf knapp 10 Prozent hochschrauben, im Portfolioverbund kam die Dachmarke auf knapp 12 Prozent.

WGSneu schafft Transparenz bei der Bedeutung der Warengruppen.

Sichtbarmachung der Ratgeber

Die Installation einer Ratgeber-Bestsellerliste – logische Konsequenz der errungenen wirtschaftlichen Bedeutung – war zu diesem Zeitpunkt innerhalb des AkR längst beschlossene Sache. Stephanie Ehrenschwendner, Leiterin des Hugendubel Verlags, und Georg Kessler, dem ersten Sprecher des AkR, gelang im Oktober 2007 erstmals die Realisierung dieser Liste in Zusammenarbeit mit dem *Focus* und dem *Börsenblatt*, die, unter wechselnder Firmierung, seitdem ein unverzichtbarer Gradmesser für den Programmerfolg der Marktteilnehmer ist. Die Liste verdeutlichte gleichzeitig zum ersten Mal auch die Flächenproduktivität der Backlisttitel, die neben der Sortimentsvorliebe für Novitäten die langfristige Ertragskraft lieferbarer Titel widerspiegelt.

KÜCHENGÖTTER – ELEKTRONISCHES ENGAGEMENT

küchengötter.de **ist nicht als Erlös-, sondern als Marketingmodell perspektivisch angedacht und soll den Verlag angesichts des veränderten Mediennutzungsverhaltens zukunftsfähig machen.**

2008 ruft Gräfe und Unzer als erster Ratgeberverlag Deutschlands das Kochportal *küchengötter.de* ins Leben. Das elektronische Engagement ist eine strategische Reaktion auf den digitalen Wandel, der immer stärker Konsumentenbedürfnisse beeinflusst. GU strebt mit ihm die Qualitätsführerschaft und Inhaltshoheit über gelingsichere Rezepte im Internet an. Das Konzept fußt auf drei Säulen: Rezepte, Blogs und Community, wobei letztere auch zu „User generated content" beitragen soll.

Digitaler Wandel und verändertes Mediennutzungsverhalten zwingen zu strategischen Weichenstellungen. Um die Substitutionseffekte auf dem Printmarkt aufzufangen, gründet der Verlag 2008 nach kurzem Testlauf als erster Ratgeberverlag Deutschlands das Kochportal küchengötter.de. *Die Marktführerschaft und Expertise bei Kochen und Gesundheit bieten gute Voraussetzungen für seine elektronische Initiative. Zur ratgeberischen Printinformation tritt die ratgeberische Netzinformation.*

Polysensuelle Markenführung: Um die Produkterotik seiner Bücher zu erhöhen, experimentiert der Verlag in dieser Zeit mit haptischen Merkmalen wie der abgerundeten Ecke im Buchblock. Die handschmeichlerische Wirkung wurde vor allem bei Einstiegsreihen wie GU Just Cooking *erprobt – hier vier Titel aus dem Frühjahr 2008.*

FÜHRUNGSWECHSEL

Im Dezember 2008 gibt Günter Kopietz überraschend seinen Rücktritt aus der Geschäftsführung bekannt. Interne Nachfolgerin wird Annette Beetz, zuvor Vertriebsleiterin Lizenzen, Industrie und Industriemarketing.

2010 teilt Georg Kessler mit, aus dem Verlag ausscheiden zu wollen, um sich neuen Zielen zu widmen. Nach neun Jahren verlässt er im Herbst das Haus, bleibt diesem aber noch für zwei weitere Jahre als Herausgeber einer neuen Naturführerreihe verbunden.

Annette Beetz wird 2008 neue Geschäftsführerin Marketing und Vertrieb.

2010 verkündet Georg Kessler seinen Rücktritt aus der verlegerischen Geschäftsführung. Unter dem Motto „Ich bin dann mal weg“ findet am 1. Oktober 2010 die große Abschiedsfeier statt, auf deren Gästeliste auch der ehemalige Verleger Kurt Prelinger steht; v.l.n.r.: Kurt und Riki Prelinger, Georg Kessler, Sebastian, Victoria und Thomas Ganske.

20
11

20
22

„

EXPERIMENT, RESTABILISERUNG UND TRENDWENDE

Gräfe und Unzer erlebt eine unruhige Dekade. Häufige Geschäftsführerwechsel, programmatische Kursänderungen, digitale Transformation und Trendumkehrungen im Markt unterminieren die Stabilität des Unternehmens und führen zu empfindlichen Einbrüchen bei Umsatz und Ertrag. Nach der Fusion des Ratgeberverlages mit Travel House Media, dem Reiseführerspezialisten der Ganske Gruppe, wird die Neuausrichtung des Unternehmens vorangetrieben.
Im Jahr 2019 kann der Ratgeber den Turnaround vermelden, die Zeichen stehen wieder auf Wachstum. Dann bricht der Markt für Reiseführer ein und erfordert eine hohe unternehmerische Flexibilität bei der Bewältigung der Corona-Krise. Gräfe und Unzer nimmt die Herausforderungen an und kann 2021 einen zweistelligen Umsatzzuwachs verzeichnen.

PERSONALKARUSSELL IM MANAGEMENT

"Der Geschäftsführung stehen unruhige Zeiten bevor: auf Georg Kessler folgen am 1. März 2011 Jenny Levié und auf Urban Meister, der das Unternehmen im Juni verlässt, Christian Kopp, der ehemalige Leiter des GU-Controllings. Levié scheidet bereits nach einem Jahr wieder aus, ihre Nachfolgerin wird Dorothee Seeliger, eine interne Lösung und Führungskraft, die seit 1995 dem Verlag angehört und seit 2006 die Verlagsleitung für GU Kochen und Verwöhnen sowie der Produktmarken Teubner und Hallwag verantwortete. Als Annette Beetz 2012 zum Rowohlt Verlag wechselt, komplettiert der von Procter & Gamble kommende Till Wahnbaeck die neue Geschäftsführung 2012.

Die Geschäftsführung 2012: Christian Kopp (kaufmännische Geschäftsführung, links), Dorothee Seeliger (Programm) und Till Wahnbaeck (Marketing und Vertrieb).

FORMALE ANLEIHEN: VERSUCHE ÜBER DEN TELLERRAND HINAUS

In den Jahren 2011–2014 erprobt der Verlag die Darreichungsform seiner Produkte. Das thematisch aufgefächerte Handtaschenkochbuch *ist mit runden Ecken und Verschlussband an das Moleskine-Format angelehnt, kann sich aber dauerhaft nicht durchsetzen.*

Dasselbe trifft auf die Tischkalender *zu, die in dieser Zeit – mehr oder weniger abgeschaut bei den Verlagsspezialisten für Kreatives Hobby – zwar kurzzeitig Umsätze generieren, aber nicht in der Backlist ankommen.*

In der Reihe GU Multimedia *erscheinen in dieser Zeit* Ratgeber Gesundheit, *die mit einer CD oder DVD zum Preis von 16,99 bzw. 19,99 € angeboten werden.*

ENTWICKLUNGEN IM MARKT

Im Herbst 2012 feiert der Verlag „50 Mio. verkaufte Küchenratgeber!" – mit 16 Toptiteln als limitierter Sonderauflage zum Treuepreis von 4,99 €. Der GU-Kochbuchumsatz war bis zum Jahre 2010 stets gewachsen, doch nun wird die Bewährungsprobe der ersten Hälfte der 2010er Jahre seitens GU nur scheinbar bestanden. Zwar erlebt das Kochbuch intern eine Sonderkonjunktur, was der Verlag vor allem auf den Grill-Hype und den erfolgreichen Relaunch der Küchenratgeber zurückführen wird, doch die Kennziffernsteuerung und Seismographen der übrigen Segmente versagen.

Während sich der allgemeine Kochbuchmarkt unabhängig davon aufgrund der Preisklassenentwicklung und des Erfolges der „Starköche" als relativ stabil erweisen kann, laboriert in der relevanten Teilwarengruppe 450 vor allem das Subsegment 458 „Trinken", das man auch als Weingattung bezeichnen kann und die Domäne von Hallwag ist. Der Medienwandel führt wie bei den schicksalsaffinen Jahreswerken der Restaurant- und Hotelguides zu einem rapiden Bedeutungsverlust, der durch Netzapplikationen substituiert wird.

Der Mega-Trend „vegane Küche" ist längst bei GU angekommen. Mit La Veganista *gelingt Nicole Just 2013 ein Bestseller, der sich bis heute 140.000-mal verkauft hat.*

Seit 2010 befindet sich bei GU auch das Programmfeld Gesundheit in einem schleichenden Abschwung und schmilzt bis 2013 um 20 Prozent ab, mit wachsender Tendenz. Trendthemen wie Pilates, Yoga, Fitness, Aerobic oder alternative Heilverfahren schwächeln und finden keine Nachfolger. Auf abschüssigem Terrain befinden sich auch die Erlebnisfelder Partnerschaft & Familie sowie Heimtier, Haus & Garten, die angestammten Kernkompetenzen des Verlages. Die Gegensteuerung wird von einer Überperformance bei Kochen & Verwöhnen vereitelt, die den Erfolg des Markenrelaunches 2013 suggeriert.

Gleichzeitig führt der durch Konzentrationsbestrebungen indizierte Flächenrückgang im Buchhandel zu einer empfindlichen Reduktion der Verkaufsflächen und damit bei gleichbleibendem Novitätenausstoß zu einem überproportionalen Bedeutungsverlust der Backlist, die das novitätenverliebte Sortiment remittiert.

DISKURSIV NICHT AUSGESCHÖPFT: KÖNIG & BERG

Dieter Banzhaf hatte bei seinem Ausscheiden aus dem Verlag 1997 auf die Frage nach der Zukunftsfähigkeit von Gräfe und Unzer prognostiziert, dass zum Premiumverbund ein starkes MA-Label treten müsse, das den Impulskauf im Massmarket mit Zweitverwertungen nach unten absichern werden würde.[43]

Ein zweites Mal nach dem Imprint @book versucht der Verlag 2015 mit der Gründung des Labels König & Berg Kaufkraft im Sondermarkt Modernes Antiquariat abzuschöpfen. Binnen zweier Jahre erscheinen 17 Titel zu einem Ladenpreis von 4,99 €. Deckungsbeitragsschwach und – ebenso wie die Tendenz, Teubner-Substanzen an preisgünstige Marktteilnehmer zu lizensieren – letztlich markenverwässernd wird diese Initiative diskursiv nicht ausgeschöpft und ist kontraproduktiv für die Fortune der Firma. Der Reflexionsdruck auf die strategische Grundausrichtung und das Selbstverständnis des Verlages wächst.

Mit König & Berg misslingt Gräfe und Unzer nach @book zum zweiten Mal der Versuch, das Moderne Antiquariat anzuzapfen und die Wertschöpfungskette zu verlängern. Da das Kerngeschäft strauchelte, trachtete man in dieser Phase danach, im Niedrigpreissegment schnelle Umsätze zu generieren.

König & Berg

NICHT ALLES FUNKTIONIERT – WORAN SICH DIE GEISTER SCHEIDEN

Seit 2013 hat der Verlag nicht nur eine neue Maßkonfektion für seine Produkte entwickelt, sondern bereitet sich auch darauf vor, im Segment Kreatives Hobby Fuß zu fassen. Nach der Entwicklungsphase ist es dann 2014 so weit. Mit den *Kreativratgebern* soll ein neues Themenfeld erschlossen werden, das in der zurückliegenden Dekade am Markt reüssierte und großes Wachstumspotenzial verspricht: Seit Mitte der 2000er Jahre waren die Warengruppen „Kreatives Gestalten" und „Handarbeit, Textiles" um knapp 170 Prozent gewachsen.

Nach anfänglicher Euphorie ist beiden Initiativen kein Erfolg beschieden. Die neue Covergestaltung mit gelbem Faden, Handmade-Schriften und ornamentalem Buchrücken ist zu geschmacks- und kopieranfällig. Und der Ausflug ins Kreative Hobby scheitert daran, dass das Haus die Konzentration auf seine Stärken vernachlässigt und die Dialektik von Grenze und Ziel aus den Augen verliert. Die Flucht in die Breite ist letztlich die Folge eines Orientierungsverlustes, der den Verlag Mitte der 2010er Jahre ereilt hat.

Auch die mit dem Ausbau des digitalen Programms erhofften Umsatzzuwächse bleiben hinter den Erwartungen zurück. 2014 bietet der Verlag über 130 Apps und 400 E-Books an, deren Entwicklung immer enger mit den Electronic-Publishing-Aktivitäten der Ganske Verlagsgruppe verzahnt werden. Als kontraproduktiv für die wirtschaftliche Stabilität und die Marktstellung des Hauses erweist sich schließlich eine fehlende Pricing-Strategie, die zusammen mit der Tendenz zu Preisreduktionen und Sonderleistungen keine perspektivische Lösung bietet.

2014 diversifiziert Gräfe und Unzer und versucht, das Segment Kreatives Hobby zu erschließen, das in den letzten zehn Jahren sehr stark gewachsen ist. Die Programminitiative, die in der neuen Produktästhetik mit gelbem Faden und Handmade-Schriften auf den Covern daherkommt, floppt. In Anlehnung an die neuen Themenfelder „Selbermachen" und „Handarbeit, Textiles" wirkt auch das neue Corporate Design mit seiner magazinigen Aufmachung „wie mit der heißen Nadel gestrickt" und zahlt nicht auf die stärkste formale Waffe des Hauses ein: Selbstähnlichkeit.

TURBULENZEN

Erneut Unruhe in der Geschäftsführung: Till Wahnbaeck scheidet Anfang 2014 aus, auf ihn folgt Marcel Dévény. Christian Kopp wird im selben Jahr zum Vorstand in Hamburg berufen, sein Nachfolger wird Timo Blümer. Stabilität wird sich nicht einstellen.

Die Geschäftsführung im Jahre 2014: auf Till Wahnbaeck folgt Marcel Dévény (rechts), Timo Blümer übernimmt die kaufmännische Geschäftsführung von Christian Kopp, der in den Vorstand wechselt.

Die Geschäftsführung 2016, nach der Zusammenlegung von Gräfe und Unzer und Travel House Media, v.r.n.l.: Frank Häger (Programm und Marketing, gleichzeitig Buchvorstand der GVG), Joachim Rau (Vertrieb) und Timo Blümer (kaufmännische Geschäftsführung).

2015 beginnt der Umsatz von Gräfe und Unzer massiv einzubrechen. Die Ursachen liegen, so der Befund der Geschäftsführung, im Bedeutungsschwund der für das Programm zentralen Diätratgeber und des Nachfragerückgangs bei Ratgebern der wichtigsten Warengruppen: den Koch- und Gesundheitsratgebern. Außerdem führten die angesprochenen Flächen- und Lagerreduzierungen im Handel zu weiteren Umsatzeinbußen. Der Verlag schließt mit einem zweistelligen Minus zu Plan und Vorjahr an. Angesichts dieser Entwicklung beschließt der Vorstand, Gräfe und Unzer und Travel House Media durch Zusammenlegung zum „Ratgeber-Powerhouse“ zu machen. Die Pressemitteilung zur Fusion geht am 29. Februar 2016 raus. Dorothee Seeliger, Marcel Dévény und der THM-Geschäftsführer Gerhard Denndorf verlassen das Unternehmen.

SONDERKONJUNKTUR GRILLEN

Im Juli 2014 feiert der Verlag 1 Mio. verkaufte Exemplare von *Weber's Grillbibel,* einem Longseller, der bereits 2010 erschienen war und von Jahr zu Jahr höhere Absätze erzielt. Mit der Grillbibel wird eine eigene GU-Produktlinien-Marke begründet, die bis heute, zur *Gasgrillbibel* von 2021, über zahlreiche Titel hinweg das Potenzial des Grilltrends ausschöpft.

Waren die Grillbücher anfänglich ausschließliche Lizenzen und damit die große Ausnahme im Produktportfolio der Verlagsproduktionen, kann GU ab 2014 eigene Themenwünsche einbringen und originäre Grillbuch-Konzepte entwickeln, die in Zusammenarbeit mit Weber umgesetzt werden. Der Titel *Wintergrillen* ist dafür eines der erfolgreichsten Beispiele. Mit einem Marktanteil von 75 Prozent am gesamten Grillmarkt ist diese Markenkooperation unschlagbar. Der Hype um diese Markenkooperation mit Weber verdeckt einige Jahre strukturelle Programmschwächen von GU.

Das Themen-Portfolio von Weber's Grillbüchern stellt die große Ausnahme in der GU-Welt der Eigenproduktionen dar: Es handelt sich um eine Lizenz des Grillherstellers und Weltmarktführers Weber-Stephen Products, mit dem diese Kooperation seit über 15 Jahren besteht.

DAS RICHTIGE BUCH IN DER RICHTIGEN MENGE AM RICHTIGEN PLATZ

Verkäuferische Maxime des GU Verlagsvertreters ist nie, möglichst jedes Produkt in größter Menge auf allen potenziell erreichbaren Flächen zu platzieren. Sein Credo des segmentierten Verkaufens ist hingegen immer ein dem jeweiligen Standort entsprechend bedarfsgerechtes Angebot, das die Nachfrage bedient und den Impulskauf aktiviert, das regelmäßig überprüft, ergänzt und aktualisiert wird. Dazu muss der Vertreter das Sortiment analysieren und die Bedürfnisse seiner Kunden kennen, nicht gängige Titel eliminieren und durch verkäufliche Produkte ersetzen. Mit seinen Instrumenten erbringt eine Serviceleistung, für die er im besten Fall unverzichtbar wird.

Zu Beginn des neuen Jahrtausends entdeckt der Verlag für sich die Gesetzmäßigkeit des Marktes, wonach mit einem Viertel der lieferbaren Titel zwei Drittel des Umsatzes generiert werden. Diese Erkenntnis wird zur Faustregel und führt zur Forcierung der Topseller: Mit den „Top 200“ wird nach Lagerabgleich durch Senkung der Fehlquoten das Angebot wieder der Nachfrage angepasst. 2008 gelingt es, mit dem Filialbuchhandel Vereinbarungen zur zentralen Sortimentssteuerung zu treffen, bei denen ein Basissortiment mit Mindestbeständen und automatischer Nachdisposition eingerichtet wird oder der Außendienst auf Grundlage der Bestands- und Abverkaufsdaten filialbezogen dezentrale Bestellempfehlungen gibt.

2014 wird der Verlag Vorreiter der Branche, als er mit Hilfe einer bislang vor allem im Lebensmitteleinzelhandel eingesetzten Datenbank echtes Category Management anbietet. Durch den Abgleich von Markt- und Lagerdaten wird ein in Breite und Tiefe individuell auf jeden Standort zugeschnittenes Sortiment ermittelt. Dabei steuert der Verlag auch die Toptitel des Wettbewerbs. Mit einem Augenzwinkern argumentiert der Verlag, die „Kunden besser zu kennen, als sie sich selbst“. Zweistellige Umsatzzuwächse und eine höhere Lagerdrehzahl sind mit einem derart perfektionierten Sortiment die Regel. Durch Kenntnis und Einsatz von Marktdaten ist der Verlagsvertreter zum kundenorientierten Sortimentsmanager geworden.

Jan Wiesemann

Für jedes Regal werden visualisierte Belegungspläne erstellt, differenziert nach Regal-, Stapel- und Rampentiteln. Auch die Anteiligkeiten und Platzverhältnisse einzelner Warengruppen werden überprüft und nach Marktdaten bzw. ihrer Zielgruppenaffinität angepasst.

REFLEXIONS- UND HANDLUNGSDRUCK

„Hinter der Idee der Fusion von Gräfe und Unzer und Travel House Media stehen vor allem wirtschaftliche Überlegungen. Räumlich sind die beiden Sektionen Ratgeber und Reise ohnehin am Standort Grillparzer Reise angesiedelt. Die Synergieeffekte beziehen sich auf gemeinsame Plattformleistungen, Kostenreduktionen und eine höhere Effektivität der Organisation. Eine darüberhinausgehende stringente inhaltliche und konzeptionelle Strategie bleibt der Zusammenschluss allerdings schuldig, und das Vokabular vom „Ratgeber-Powerhouse“ blendet die unterschiedlichen Genrespezifika der nicht zufällig in getrennten Warengruppen beheimateten Literaturgattungen aus.

Neuausrichtung der Unternehmensführung

GU im Abschwung: Erosion bei Marktanteilen und Ertragskraft.

Gräfe und Unzer befindet sich auch nach der Zusammenlegung, die geräuschlos gelingt, weiter im Abschwung, Marktanteile und Ertragskraft schwinden, immerhin kann Travel House Media in der Schwächephase Flankenschutz leisten. Vor allem bei der Kernmarke GU zeichnet sich keine Trendumkehr ab, im Gegenteil, und der Vorstand der GVG sieht sich zum Handeln gezwungen. Nach intensiven Gesprächen mit Thomas Ganske im Frühjahr 2017 kehrt im Juli der langjährige GU-Geschäftsführer Georg Kessler als Buchvorstand zur Ganske Verlagsgruppe zurück und ersetzt Frank Häger, gleichzeitig fungiert er interimistisch als Programmgeschäftsführer von Gräfe und Unzer. Nach seinem Befund war der Abschwung des Marktführers vor allem auf einen Systemfehler in der Geschäftsausrichtung zurückzuführen: Für Gräfe und Unzer war immer die Leitidee eines binären Markenverständnisses „Marke/Nicht-Marke“ maßgeblich gewesen, das seit geraumer Zeit zugunsten einer analogen Markenauffassung „Mehr Marke/Weniger Marke“ aufgegeben worden war. Mit dieser Laissez-faire-Haltung wurden die wichtigsten Prinzipien der Markenpositionierung in Frage gestellt, die vom verlegerischen Terrain und Erbhof über strukturelle Komponenten der Programmentwicklung bis hin zu ökonomischen Kennziffern wie der Bewirtschaftung der Nova-Backlist-Relation reichte. Die Abkehr von der strategischen Grundstellung und ihrem Handlungs- und Entscheidungsrepertoire hatte die Erosion in der Geschäftsentwicklung dramatisch beschleunigt.

DROHENDE VERZWERGUNG

Gräfe und Unzer ist im Begriff, seinen Status im Literarischen Feld zu verlieren. Programmatisch als Zielgruppenverlag der Arrièrgarde verschrieben, hat sein formaler Auftritt stets dem Avantgardismus gefrönt und den Markennimbus genährt. Die drei wichtigsten Kapitalsorten des Markenartiklers – ökonomisches, symbolisches und zeitliches Kapital – sind in Mitleidenschaft gezogen. Auffallendstes äußeres Indiz ist die Bestsellerschwäche bei den Kernkompetenzen Kochen und Gesundheit, wodurch der Nachschub für die Befeuerung der Backlist ausfällt, dem Energie- und Leistungszentrum für Ertragskraft. Der Bedeutungsschwund des für die Ertragskraft nicht minder maßgeblichen Zeitkapitals der Backlist ist das augenfälligste innere Alarmsignal. Dazu gesellt sich eine Orientierungslosigkeit auf Portfolioebene, die die Produktmarken Teubner und Hallwag vernachlässigt. Das analoge Markenverständnis hat den Zufall ins Spiel gebracht. Und der Verlag ist im Begriff, sich wie ein Publikumsverlag alle halbe Jahre neu erfinden zu müssen, damit immer schwerer planbar zu werden und auf fahrlässige Weise Kundschaft zu verlieren.

Das aktuelle Interview

Das Comeback

Der langjährige GU-Geschäftsführer Georg Kessler sucht als Buchvorstand der Ganske Gruppe wieder Verantwortung und hat Ideen zum **Ratgebermarkt**

Ihre Rückkehr aus dem selbstgewählten Exil war eine Überraschung. Was hat Sie gereizt?
Georg Kessler: Ganz einfach – das war die unternehmerische Herausforderung. Und als das Angebot von Thomas Ganske kam, war auch meine persönliche Bucketliste abgearbeitet, die mich lange beschäftigt hatte und dann schließlich dazu bewegte, Gräfe und Unzer zu verlassen, obwohl wir alle damals großen Erfolg hatten.

Was war Ihnen denn so wichtig?
Da war einmal die Promotion. Dieses Ziel hat mich seit meinem Studium umgetrieben, das fand ich immer reizvoll, vor über 30 Jahren wollte ich über die Literaturkritik Lessings promovieren, hatte schon damit angefangen, aber dann verschlug es mich ins Volontariat bei der Franckh'schen Verlagsbuchhandlung, heute Kosmos Verlag, nach Stuttgart.

Ihre Dissertation „Der Buchverlag als Marke" ist bei Harrassowitz veröffentlicht worden und reflektiert Ihre Erfahrungen mit der Markenführung in Buchverlagen ...
... ja, ich wollte Marke und Markenführung in der Buchindustrie aus einem ganzheitlichen Blickwinkel fassen und vor allem die gattungsspezifischen, also poetologischen, semiotischen und ästhetischen Prinzipien beschreiben, die für Ratgeber und in Teilen auch für das Sachbuch sowie deren Branding grundlegend sind.

Das hat Sie schon länger beschäftigt?
Der Impuls dazu kam früh, tatsächlich schon während meines Volontariats. Dort habe ich eine völlig neue Welt entdeckt, nämlich die Vierfarb-Welt des Buches und ihre komplexen Entstehungsbedingungen. Ich mußte Naturführer konzipieren, womit auch Layoutarbeiten, Bildakquisition und Grafik, also im weitesten Sinn herstellerische Aspekte verbunden waren. Als Literaturwisschaftler war ich textlich konditioniert, also auf die Schwarz-Weiß-Welt fixiert, bei Kosmos hat sich mir eine ganz andere Buchwelt erschlossen, die fand ich extrem spannend. Das zweite Anliegen meiner Dissertation war aber die Verbindung von

Auf Initiative von Thomas Ganske kehrt Georg Kessler im Juli 2017 als Buchvorstand zur Ganske Verlagsgruppe zurück und fungiert bis Dezember gleichzeitig auch als Interimsgeschäftsführer Programm und Marketing von Gräfe und Unzer.

KONSOLIDIERUNG UND NEUAUSRICHTUNG

„Die wichtigste Aufgabe der neuen Unternehmensführung besteht darin, der wirtschaftlichen Talfahrt Einhalt zu gebieten und gleichzeitig Strukturen zu schaffen, um die Zukunftsfähigkeit des Verlages sicherzustellen. Zentrale Handlungsfelder sind Programmbereinigung, strategische Rückbesinnung auf die Stärken des Markenartiklers und Neuausrichtung im Schulterschluss mit Digitalisierung und Medienwandel. Oberste Priorität hat die Kernmarke GU, für deren Produktauftritt nicht nur eine neue Maßkonfektion gefunden werden muss, sondern deren Zielgruppenausrichtung einer grundlegenden Revision bedarf.

Konzentration auf die Kernmarke GU.

Dazu müssen nicht nur Konzepte gekappt werden, die mit hohem Investitionsaufwand drei Jahre zuvor eingeführt worden sind – neben dem Kreativen Hobby vor allem eine ressourcenfressende Initiative im Segment der Lebenshilfe – und die nun das Lager verstopfen, sondern auch die Kennziffersteuerung muss neu aufgesetzt werden. Allen Verantwortlichen ist klar, dass dieser Turnaround ca. zwei Jahre in Anspruch nehmen wird, zumal das Change Management auch zahlreiche Personalentscheidungen auf der Führungsebene erfordert.

Einleitung des Turnarounds

Die Maßnahmen betreffen alle Aspekte der Aufbau- und Ablauforganisation und werden im Spätsommer 2017 angestoßen. Gänzlich zurückgestellt werden in dieser Phase Portfolioüberlegungen zu Teubner, Hallwag und dem Autorenverlag, die bei der Vielzahl an Anforderungen nur zur Verzettelung geführt hätten. Vor allem der Autorenverlag ist über einen längeren Zeitraum vertraglich an Projekte gebunden, die seine Zukunft zu belasten beginnen. Für die Stabilität des Unternehmens sorgt hingegen die Reisesektion um Travel House Media, die dem strauchelndem Ratgeber Rückhalt zu geben vermag.

Travel House Media leistet Flankenschutz.

Als mit Beginn des Jahres 2018 Ulrich Ehrlenspiel die Programmgeschäftsführung von GuU übernimmt, forciert die Geschäftsführung die Repositionierung und Revitalisierung von GU. Sie öffnet den Verlag auf Initiative von Ehrlenspiel für GU-affine Autorenratgeber und schafft gleichzeitig langfristige Voraussetzungen für Wachstumspotenziale beim

Gräfe-und-Unzer-Autorenverlag. Dabei spielen vor allem drei strukturelle Veränderungen im Markt eine Rolle: Einmal hat die Flächenreduzierung im Sortimentsbuchhandel einen Bedeutungsschwund der Reihen und ihrer Präsentationsmöbel in Gang gesetzt, die GU umso empfindlicher trifft, weil deren Begehrlichkeit auch im Fachhandel zurückgeht. Damit haben zum zweiten Einzeltitel und vor allem deren Platzierung auf den Bestellerlisten einen völlig anderen Stellenwert in der Wahrnehmung errungen – eine Entwicklung, auf die der Verlag durch seine Bestsellerschwäche eine Antwort finden muss. Schließlich indiziert das Paralleluniversum von Social Media ein völlig neues Mediennutzugsverhalten mit Aufmerksamkeitsspannen für neue Anbieter und Autoren, die traditionelle Selektionsstrukturen außer Kraft setzen.

Neue Produktästhetik.

Im Sommer 2018 wird mit der Herbstproduktion das neue Corporate Design eingeführt, das für alle Produkte eine weiterentwickelte Ästhetik vorsieht, die den Covern der Bücher „mehr Klarheit, mehr Strahlkraft, mehr Distinktion" verleiht. Der GU-Buchrücken, das Signal im Regal, wird durchgängig gelb gestaltet. Zudem wird das Logo überarbeitet und von nun an mittig im Fußsteg platziert, um die Aufmerksamkeit auf die Absenderqualität zu erhöhen.

Mit Ulrich Ehrlenspiel (links), der bereits von 2002 bis 2012 Verlagsleiter bei GU war, und David Gottscheber, seit vier Jahren Leiter Controlling und Finanzen, ist die Geschäftsführung zusammen mit Joachim Rau wieder komplett. Ehrlenspiel übernimmt im Januar 2018 die Programmgeschäftsführung von Georg Kessler, Gottscheber folgt im Februar auf Timo Blümer als kaufmännischer Geschäftsführer.

Im Frühjahr 2018 erscheint in der goldenen Erfolgsreihe Low Carb! *– ein Titel, der die Backlistfähigkeit der Produktlinie ausbaut und die Novitätenschwäche der vorangegangenen Jahre abzufedern hilft.*

Ausrufezeichen im Gartensegment: Der Kulturanthropologe und Ethnobotaniker Wolf-Dieter Storl teilt sein Wissen zu seinem Lieblingsthema „Unkräuter" und rehabilitiert 21 Wildkräuter aus Sicht ihrer ökologischen Bedeutung, Heilkraft und ihres Wertes als Nektarspender für Insekten.

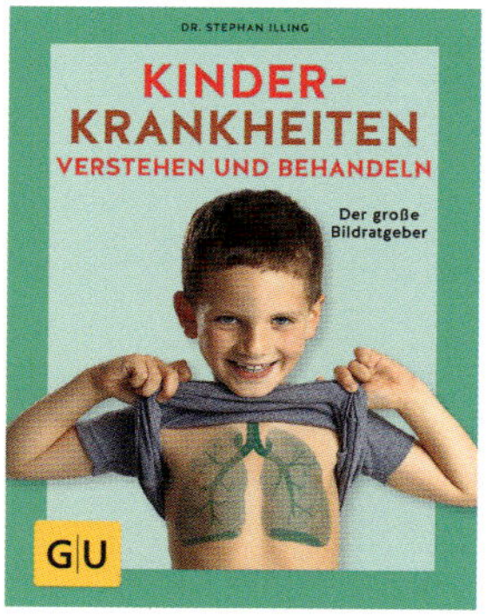

Drei Schwerpunkttitel des Frühjahrsprogramms 2018, die in der Konzentration auf Programmstärken die Restabilisierung der Marktstellung einläuten sollen.

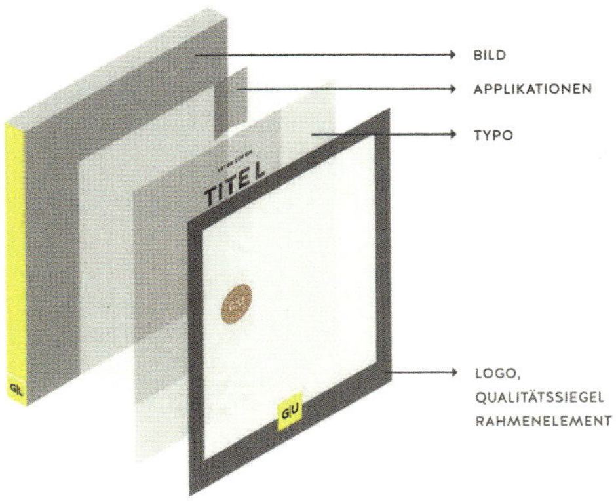

Die neue Produktästhetik von GU ab Herbst 2018. Zentrale Elemente des Ensembles sind die Rahmengestaltung der Cover, der durchgängig gelbe Buchrücken und die mittige Platzierung des Logos.

ZIELGRUPPENMATRIX

Gleichzeitig wird die Zielgruppenausrichtung des Verlages überarbeitet. Soziologischer Wandel, digitale Transformation und vor allem Social Media erfordern einen neuen „Mindset-Ansatz", der eine zeitgemäße Bildersprache mit klaren authentischen Botschaften entwickelt. Die Inhalte der GU-Werte- und Bedürfnismatrix sollen gegenüber dem Netz qualitativen und emotionalen Mehrwert bieten, besser sichtbar werden und größere digitale Reichweite generieren – also die drei Kardinalanforderungen der digitalen Welt einlösen: Sichtbarkeit, Auffindbarkeit, Reichweite. Die Matrix ermöglicht wie beim ersten Manual vierzehn Jahre zuvor die zielgerichtete Verortung einer jeden Novität über eine emotionale und eine funktionale Dimension: Erlebnisfeldübergreifende emotionale Bedürfnisse werden mit programmbereichsspezifischen funktionalen Bedürfnissen gekreuzt.

Die Role Models haben ausgedient. Soziologischer Wandel, Multigraphien und Social Media erfordern einen neuen konzeptionellen Ansatz über die Werte- und Bedürfnismatrix.

MANDAT ANGENOMMEN

Narratives Potenzial der Lebenshilfe-Ratgeber.

Soziologischer Wandel, veränderte Lesebedürfnisse und konkurrierendes Mediennutzungsverhalten haben auch Auswirkungen auf die Tiefenströmungen des Genres und die Binnenkonjunktur seiner Segmente. Bereits 2012 attestiert die erste geschlossene wissenschaftliche Auseinandersetzung mit dem Ratgeber als Literaturgattung überhaupt, das in der Mainzer Buchwissenschaft angesiedelte Forschungsprojekt zur Sachliteratur und Faktographie,[44] den Lebenshilfe-Ratgebern ein erhebliches narratives Potenzial, das diesen mit neuer Didaktik, Dialogizität und ungewöhnlichen Erzählstrategien zwischen Belletristik und Sachbuch gute Perspektiven eröffnete. Dieser Befund barg für Verlagsinsider zwar keine überraschende Erkenntnis, aber die konzeptionelle Antwort darauf war GU mit seiner Initiative Mitte der 2010er Jahre schuldig geblieben.

GU stellt sich dieser Segmentverschiebung im Markt erneut und platziert mit autorengetriebenen Lebenshilfe-Ratgebern, deren Verfasser weniger durch Einschaltquoten und Agenten Prominenz als durch Authentizität und Kompetenz Medienwirksamkeit erlangt haben, bestsellerträchtige Solitäre, die den Verlag zum Jahreswechsel 2018/2019 nach langer Abstinenz in die Verkaufscharts zurückbringen.

Der Ernährungsratgeber Intervallfasten *von Petra Bracht bringt GU im Frühjahr 2018 nach langer Abstinenz zurück in die Bestsellerlisten. Ein Jahr später erscheint das Kochbuch zum Thema, das zur Produktfamilie ausgebaut wird.*

AKQUISITION DES BLV VERLAGES

Als in dieser Phase alle Anstrengungen auf GU gerichtet sind und Teubner bzw. Hallwag in den Hintergrund rücken, gelingt es der Ganske Verlagsgruppe im Herbst 2018, den langjährigen Konkurrenten BLV Verlag zu erwerben und die Traditionsmarke in das Portfolio von Gräfe und Unzer einzugliedern.

Der Münchner Verlag, der auf eine 70-jährige Geschichte zurückblicken kann, führt viele Klassiker der Ratgeberliteratur im Programm, wie z. B. Marie-Luise Kreuters *Der Biogarten*, Hedwig Maria Stubers *Ich helf dir kochen* oder den *Krebs*, das Standardwerk zur Jägerprüfung. Er rundet nicht nur aufgrund seiner Programmausrichtung das Themenspektrum von GU in Richtung Natur und Garten ab, sondern ermöglicht auch eine Zielgruppenausweitung, die durch die kaufkraftstarke Jagdklientel von BLV Perspektiven für das Markenportfolio eröffnen. Gräfe und Unzer erwirbt neben der Marke das Gros des Ratgeberprogramms, die beiden Lehrbücher für die *Landwirtschaft Agrarwirtschaft* Grundstufe und *Agrarwirtschaft Fachstufe* gehen an den Eugen Ulmer Verlag in Stuttgart.

Klassiker des Naturführermarktes und der Jagdliteratur: Der BLV Tier- und Pflanzenführer für unterwegs *von 2018 und der* Krebs, *eine Instanz im Jagdausbildungsbetrieb, dessen erste Ausgabe 1940 im F. L. Mayer Verlag erscheint und der später von BLV weitergeführt wird.*

AUFBRUCH, IMPACT, ERFOLG

„Das Jahr 2019 steht vollständig im Zeichen der Mobilisierung von GU und der Integration von BLV. Ende des Jahres wird der Turnaround im GU-Ratgeberbereich erreicht, erstmals seit vier Jahren verzeichnet der Verlag bei Kernsegmenten wieder Wachstum und kann zuversichtlich nach vorne schauen. Dann sorgt der Impact der Corona-Pandemie im Frühjahr 2020 für einen dramatischen Einschnitt der Geschäftsentwicklung bei Einzelhandel und Mittelstand. Sortimentsbuchhandlungen und Verlage werden mit Lockdown, Kurzarbeit, Nachfragerückgang und erheblichen Umsatzeinbußen konfrontiert, die ihre wirtschaftliche Zukunft massiv bedrohen und keine Planungssicherheit mehr ermöglichen.

2019 gelingt GU nach schwierigen Jahren der Turnaround bei den Ratgebern, erstmals seit vier Jahren erzielt der Verlag in diesem Markt wieder ein Umsatzwachstum. Erziehen ohne Schimpfen *von Nicola Schmidt verkauft sich im Herbst 2019 über 50.000-mal und entwickelt sich zum Backlistseller. Für Rückenwind sorgen auch* Nestwärme, die Flügel verleiht *von Stefanie Stahl,* Das Wunder der Wertschätzung *von Reinhard Haller sowie der zweite Band der* Grillbibel, *der an die Erfolgsgeschichte mit Weber's Grillbüchern anknüpft.*

Am härtesten trifft die Pandemie in der Buchindustrie die Reiseverlage, deren Absatzmärkte wegbrechen. Vor allem die Warengruppe der reihengeprägten Reiseführer mit ihren europäischen und Übersee-Destinationen wird kaum noch nachgefragt und schrumpft gegenüber den Vorjahren bei Absatz und Umsatz um 70 bis 80 Prozent. Gräfe und Unzer begrenzt daraufhin die Novitätenentwicklung bei Merian und Polyglott auf innerdeutsche bzw. grenznahe Destinationen, die nicht oder nur unwesentlich durch die Reisebeschränkungen gebeutelt sind.

Trotz Pandemie liegt der Ratgeberumsatz in 2020 über dem Vorjahr. Und 2021 stürmen die Novitäten von GU seit dem Frühjahr die Bestsellerlisten. Zum Jahresauftakt gründet der Verlag auch das neue Sachbuchlabel Gräfe und Unzer Edition, das neben den eingeführten Autorenverlag tritt und über klassische Themenbücher hinaus Genres wie das Debattenbuch, Memoirs und erzählendes Sachbuch anbietet. Im Herbst schließlich startet das neu gegründete Spiritualitätslabel unum mit sechs Titeln, mit dem der Verlag eine Portfolioerweiterung in Richtung aller Aspekte des spirituellen Spektrums anstrebt.

Die Tür zu Wachstum steht wieder weit offen: Im Jahr 2021 übertrifft der Verlag die 50-Mio.-€-Marke und schließt mit einem zweistelligen Umsatzplus ab.

Ab März 2020 setzt der Impact der Corona-Pandemie dem Buchmarkt und gesamten Einzelhandel dramatisch zu. Am stärksten betroffen von allen Genres sind Reiseführer, deren Destinationen aufgrund der Reisebeschränkungen bis auf Weiteres gekappt und unerreichbar sind. Auch die THM-Labels Merian und Polyglott sind massiv tangiert, dagegen können sich thematisch fokussierte Einzeltitel wie Yes we camp! *der Produktmarke Holiday gut behaupten.*

unum
eins sein. ganz sein.

Das neue Spiritualitätslabel unum komplettiert das Markenportfolio von Gräfe und Unzer seit Herbst 2021.

DIGITALE HERAUSFORDERUNGEN

Zur Richtschnur des unternehmerischen Handelns zählte neben dem Ausbau der Mehrmarkenstrategie ab Mitte 2005 auch die Bewältigung des digitalen Wandels, der die Erlösmodelle und Zukunftsfähigkeit von allen Publikumsverlagen massiv zu beeinflussen begann. Im Arbeitskreis Ratgeber (AkR) im Börsenverein, dem nach dessen Gründung 2004 zwischenzeitlich 30 Verlage beigetreten waren, nahm die digitale Diskussion immer größeren Raum ein, die Dringlichkeit zur Investition in die elektronische Welt wurde aber kontrovers diskutiert. Einige Verlage wollten beim Engagement abwarten, da sich kein Masterplan abzeichnete, die Frage des Geschäftsmodells offenblieb und viele das damit verbundene kosten- und kulturintensive Change Management scheuten. Andere, zu denen auch Gräfe und Unzer zählte, prognostizierten 2007, dass die kostenlose ratgeberische Netzinformation binnen zehn Jahren 30 bis 40 Prozent der Printinformation substituieren würde.[45]

Vor allem Kochportale wie *essen-und-trinken.de* oder das Start-up *chefkoch.de* mit seinen nutzergenerierten Inhalten setzten den Verlag mit kostenlosen Rezepten unter Handlungszwang. Im Dezember 2007 launchte GuU mit *küchengötter.de powered by GU* als erster Ratgeberverlag ein Kochportal, das ab 2008 vermarktet wurde und das elektronische Aktivitätsfeld um die Website gu.de ergänzte. Damit nahm der Verlag die Herausforderung an, sich als integriertes Medienunternehmen zu verstehen, das sowohl die ratgeberische Print- als auch die ratgeberische Netzinformation bediente. Notwendige Bedingung für diese neue Unternehmenspolitik war die Investition in Electronic Publishing. Wollte man hierbei reüssieren, war wiederum eine unmittelbare Voraussetzung die Medienneutralität der Inhalte.

Um Content medienneutral für die verschiedenen Anwendungsformate zur Verfügung stellen zu können, wurde ein xml-first-workflow erforderlich, der die redaktionellen und herstellerischen Abläufe massiv veränderte. 2012 wurde der Prozess erfolgreich abgeschlossen.

Die Realisierung der Medienneutralität setzte einen Changemanagement-Prozess in Gang, der im Schulterschluss mit *gu.de* und *küchengötter.de* die nächsten Jahre intern prägen sollte.

In den Aufbaujahren 2008 und 2009 konnte *küchengötter.de* eine beachtliche Reichweite hinsichtlich der PIs/Monat erreichen, ohne freilich auch nur annäherungsweise an die Konkurrenz heranzureichen. Die Herausforderungen bestanden vor allem in den neuen Sozialisations- und Konfigurationsformen von Content, die getrieben vom technologischen Wandel die Gatekeeper-Rolle von Verlagen unterminierten. Hand in Hand damit ging das neben dem Medienbruch nicht minder relevante

Phänomen des Produzentenbruchs in Form von Communities und sogenannten Prosumenten, die in Blogs die Rolle von Autoren oder Experten für sich beanspruchten. In den Electronic-Publishing-Roadmaps von Gräfe und Unzer der Jahre 2010 und 2011 Jahre wird denn auch abgehoben auf eine perspektivisch-ambitionierte Traffic-Entwicklung und ein Füllhorn an dynamischen und statischen Anwenderversionen. Letztlich zeichnete sich für alle diese Initiativen keine vertretbare Traffic- und Erlösstruktur ab, weshalb sie abgesehen von der E-Book-Produktion weit unter den Erwartungen blieben. 2014 dann startete GU mit *GU Balance* das erste ganzheitliche Online-Portal zum thematischen Dreiklang aus Bewegung, Ernährung und Entspannung. Der digitale Coach sollte das beste persönliche Programm für mehr Balance, individuelle maßgeschneiderte Pläne, Fitness-Videos, Entspannungsübungen und lecker-leichte Rezepte bereitstellen. Zu wenig spitz positioniert und auf Basis eines kostenpflichtigen Abomodells, war das Engagement schlussendlich nicht durchsetzbar.

> **Mit dem Medienbruch geht der Produzentenbruch einher.**

Die Prognose aus dem Umkreis des AkR 2007 wurde Lügen gestraft: Der Substitutionseffekt blieb aus, der Printmarkt des Ratgebers zeigte sich stabil und der E-Book-Anteil bewegt sich bis heute aufgrund der genrespezifischen Vierfarb-Welt anders als im Schwarz-Weiß-Bereich nur bei drei Prozent. Gräfe und Unzer hat nach Mitte der 2010er Jahre sein elektronisches Engagement bis auf die App- und E-Book-Produktion heruntergefahren, öffnet sich aber seit 2019 wieder neuen digitalen Geschäftsmodellen in Richtung Reichweite, Auffindbarkeit und Wiedererkennbarkeit, die im Zeichen von Social Media stehen.

> **E-Book-Anteil am Ratgebermarkt im niedrigen einstelligen Bereich.**

Allerdings haben sich die Kräfteverhältnisse massiv gewandelt. Längst haben zwischenzeitlich Communities und Social-Media-Innovatoren die Produkthoheit und das Interpretationsmonopol der arrivierten Verlage geknackt: Neue Anbieter wie z. B. smarticular oder Community Editions, die sich Nachhaltigkeit auf die Fahne geschrieben haben oder Media Influencern, Instagrammern, Bloggern und YouTubern eine Plattform für Produkte bieten, erobern mit ihren Büchern regelmäßig die Ratgeber-Bestsellerlisten. Schließlich setzt das Phänomen des Self Publishing, das in den letzten Jahren exponentiell gewachsen ist, Publikumsverlagen immer stärker zu. Es ist das dynamischste Segment im Buchmarkt, mit jährlichen Steigerungsraten von ca. 25 Prozent im deutschsprachigen Raum. Autoren werden mithilfe von Dienstleistern zu Eigenverlegern, behalten alle Rechte und haben die vollständige Inhaltekontrolle. Die Markteintrittsbarrieren sind gefallen, Verlage haben nicht nur ihre Gatekeeperfunktion, sondern auch ihre Produkthohheit verloren.

> **„Der digitale Kommunikationskosmos marginalisiert das schreibende Individuum, bietet ihm aber zugleich eine Vielfalt neuer Chancen.“[46]**

E-COMMERCE UND DIGITALISIERUNG

Wäre dies das Logbuch einer Science-Fiction-Serie, würde hier stehen: „Wir schreiben das Jahr 2022. Dies ist der Gräfe und Unzer Verlag, der unterwegs ist, um neue und unbekannte Welten zu erforschen." Zwar ist dies kein Logbuch, sondern nur ein kurzer Steckbrief, aber auf unbekannte Welten ist Gräfe und Unzer schon öfters gestoßen und hat sich diesen immer mit Energie und Enthusiasmus gestellt. Eine davon heißt E-Commerce und ist untrennbar mit der Welt der Digitalisierung verbunden.

Im Jahr 2022 arbeiten die Mitarbeiter mobil mit Laptops, und Videokonferenzen sind Normalität. XML, Onix und SFTP-Schnittstelle sind genau wie E-Book, App und digitales Hörbuch längst keine Fremdwörter mehr, sondern gelebter Alltag. Doch das war ein langer Weg: Im Jahr 1998 ging die Website *gu-online.de* als erster Internetauftritt online. Damals war es noch nicht möglich, eine URL mit nur zwei Buchstaben zu betreiben, so dass die URL heute mit *gu.de* viel nutzerfreundlicher und sinnvoller ist. 2011 produzierte der Verlag das erste E-Book. Seither sind über 3.500 E-Books bei Gräfe und Unzer erschienen und die Prozesse sind auf E-Bookfirst und XML-Produktion eingestellt. 2007 investierte der Verlag in das Kochportal *küchengötter.de.* Seit 2014 gibt es die App-Produktion zu Büchern, mittlerweile mit beachtlicher thematischer Bandbreite. Ebenfalls 2014 ging die zweite Website online, die einen Nutzen jenseits der Welt der Printbücher bot: *GU Balance.* Mit selbst einzustellenden Yogaprogrammen im Abo war sie ihrer Zeit weit voraus. 2021 nutzte man schließlich das gewonnene Wissen, um gleich zwei neue Portale zu launchen: *Greenadventures* und *Vitalissimo.* Mit diesen Digital-Projekten geht der Verlag neue Wege und bleibt dabei seinem traditionellen Werteversprechen gegenüber dem Kunden konsequent treu.

DIGITALE FORMATE

Durch E-Commerce, die Digitalisierung und das veränderte Kauf- und Nutzungsverhalten der Kunden hat sich vieles verändert. Ist das klassische Printbuch nach wie vor das gefragteste Format, stützen

E-Books und digitale Audiobooks dem Printbereich immer mehr den Rücken. Aber sie finden ihre Leser und Hörer auch zunehmend unabhängig von Papier und CD, z. B. als Streamingangebote in den darauf ausgerichteten Onlineshops. Die Zahlen belegen, dass E-Books, Audiobooks und Podcasts längst kein Nischenmarkt mehr sind. Im Gegensatz zu manchen Vermutungen zeigen aktuelle Studien auch, dass sich die unterschiedlichen Formate eines Titels weniger kannibalisieren, sondern bestärken: Statt auf Konkurrenz deuten die Studien eher auf eine starke Wechselwirkung der Medienformate hin.[47]

E-Books haben endgültig den Konsumentenmarkt erreicht.

METADATEN ALS SCHLÜSSELFAKTOR

Während in der Buchhandlung auf die Beratungskompetenz des Buchhändlers Verlass ist, stellt der Onlineshop andere Anforderungen an die Treffsicherheit der Titelselektion. Hier kommen die Metadaten ins Spiel. Bei der Entwicklung und Produktion entstehen bei jedem Titel eine Vielzahl an Daten: Autor, Titel, Untertitel, Erscheinungsdatum, Preis, Auflage, Cover, Illustrationen etc. Diese Daten sind wichtig, um den Kunden bei ihrer Suche im Shop die erste Sicherheit zu geben: „Ja, das ist das richtige Buch." Darüber hinaus ist es für die Sichtbarkeit im Shop elementar, weitere Daten mitzugeben. Keywords, Thema- und BISAC-Kategorien sind nur drei Beispiele für wichtige Datenfelder.[48]

Hier ist entscheidend, mit den Metadaten die Bedürfnisse des Kunden abzufragen und ihm mit der passenden Buchpräsentation die richtige Antwort zu geben. Sucht ein Kunde nach dem Thema „Darmkrankheit und Durchfall" möchte er kein Grill- oder Kochbuch angeboten bekommen. Die Datenqualität ist hier von immenser Bedeutung für den Verkaufserfolg, weshalb sich der Beruf des „Metadatenmanagers" zurecht seit einigen Jahren im Verlagswesen etablieren konnte. Neben dem klassischen Lektorat, der Redaktion oder dem Vertrieb ist damit ein eigenes neues Berufsfeld entstanden.

Die Metadaten-Experten der Verlagsbranche organisieren sich in der IG Produktmetadaten beim Börsenverein des Deutschen Buchhandels, und dort entstehen in Gemeinschaftsarbeit u. a. wichtige Best Practises für die Erstellung und Nutzung von Buchmetadaten, die die gesamte Buchbranche nutzt.

Jördis Schmid-Meil

300 JAHRE GRÄFE UND UNZER

Die Gasgrillbibel *behauptet im Jahr 2021 über Wochen vordere Plätze in der Bestsellerliste,* Homefarming *von Judith Rakers entpuppt sich zum Überraschungscoup im Gartensegment.*

Tafelsilber der Backlist – und Basisinformation ohne Verfallsdatum: seit 45 Jahren ist die GU Nährwert Kalorien Tabelle *fester Bestandteil des Verlagsprogrammes.*

Feinschliff an den Verlagssignets 2021: Der Autorenverlag erhält einen gelben Rahmen, die runden Ecken bei BLV werden analog dem GU-Logo zurückgenommen. Der jetzt versale Schriftzug ist über einem Balken angeordnet, der die Smiley-Umsetzung der Vorgängerversion ersetzt.

DAS JUBILÄUMSPROGRAMM 2022

Die GU-Jubiläumsedition firmiert unter „Essenzen“ und Bibliothek fürs Leben. *Prägnante Themen, deren Autoren Kernkompetenzen der Marke verkörpern, gesellen sich auf Reihenebene zur Lebensrelevanz von Inhalten, die für das Beste von GU stehen: guter Rat, auf das Wesentliche konzentriert.*

GESCHICHTE DER VERLAGSSIGNETS

KANTERSCHER ADLER

Der Adler der Kanterschen Buchhandlung mit dem aufgeschlagenen Buch und den erst später hinzugefügten Insignien G.&U. zierte seit 1768 den Eingang zum Ladenlokal und war bis 1932 über den Geschäftsräumen angebracht. Hippel und Hamann, die seiner feierlichen Installation im September 1768 beiwohnten, mokierten sich über die Posaune und die „abscheuliche Größe“[49] des Wappentiers.[50]

SÄMANN

Nach dem Umzug an den Paradeplatz 6 verkörperte der Sämann bis 1945 das neue Sortiments- und Verlagssignet. Er markierte auch die Außenkommunikation der Firma und schmückte als Statuette das Treppenhaus im 1. Stock der Buchhandlung. Georg Meyer-Steglitz hatte die etwa 40 cm hohe Plastik geschaffen.

KANTERSCHER ADLER 2

Für eine kurze Zeit erlebte der Kantersche Adler nach dem Krieg ein Comeback: In stilisierter Form kennzeichnete er jetzt die Publikationen der Firma „Elwert - Gräfe und Unzer“ in Marburg und später die des Verlages in Bad Wiessee. Bernhard Koch griff auf ihn als Reminiszenz an die Königsberger Zeit bei seinem ostpreußischen Kundenstamm zurück.

KÜCHENBRETT MIT GU

Um die Wende der 1950/60er Jahre werden Verlagsprodukte nur noch mit dem Schriftzug namentlich markiert, ohne typographischen Feinschliff. Seit 1964 erscheint dann das Wort-Bild-Logo als schwarzer Schriftzug GU auf gelbem Küchenbrett. Der Schritt zum Ratgeberverlag ist eingeleitet.

SIGNETS GU RATGEBER

In den 1970er Jahren bedient sich der Verlag einer großen Variationsbreite von Markierungen, die sowohl beim Produkt wie in der Kommunikation nicht stringent angewendet werden. Die Markensemiotik wird offen interpretiert.

GU PLUS GRÄFE UND UNZER

Seit 1987 definiert sich Gräfe und Unzer explizit als Ratgeberverlag, und von 1988 an erscheint das Verlagssignet als Wort-Bild-Logo mit schwarzem, parallel angeordnetem Schriftzug auf gelbem Rechteck. Ab 1991 ist es in der Kommunikation mit dem Claim „Mehr draus machen." gekoppelt. 14 Jahre lang wird dieses Logo als Trittsiegel des Verlages Gültigkeit besitzen.

GRÄFE UND UNZER (DACHMARKEN-SCHRIFTZUG)

1998 wird Gräfe und Unzer zur Dach- bzw. Firmenmarke (Company Brand), GU zur Produktmarke. Für beide Marken werden eigenständige Wort-Bild-Marken definiert.

G|U

1999 wird das Verlagssignet im Zuge des neuen Corporate Designs in seine bis heute einprägsame und reduzierte Form weiterentwickelt: der Firmenname ist für die B2B-Kommunikation reserviert, die Buchstabenfolge G und U wird durch eine Haarlinie grafisch getrennt, um die geschlossene Aussprache „GU" zu vermeiden.[51] Das Logo befindet sich stets randabfallend im linken unteren Coverbereich.

G|U WILLKOMMEN IM LEBEN

Seit Herbst 2004 unterstreicht der neue Claim „Willkommen im Leben." das Selbstverständnis der Marke. Er ersetzt den alten Claim „Gut gemacht. Gut gelaunt.", der mit dem Ende der Spaßgesellschaft nach 9/11 obsolet geworden war.

G|U 2013

Mit abgerundeten Ecken und filigranerem Schriftzug präsentiert sich das Signet ab 2013.

G|U 2018

Die Produktästhetik ab 2018 nimmt die Abrundung zurück und hellt das Gelb des Trittsiegels auf. Die Coverarchitektur besteht aus einem Rahmen und zentriert das Logo jetzt im Fußsteg auf der unteren Rahmenkante. Es ist bei der Gestaltung von einer Schutzzone umgeben.

Die Marken-familie

DIE MARKENFAMILIE VON GRÄFE UND UNZER

Gräfe und Unzer verfolgt ein Mehr-Marken-Konzept, dessen Kennzeichen Premiumanspruch und Qualitätsführerschaft im Wettbewerb sind. Die Markenarchitektonik ist grundsätzlich offen für Neuschöpfungen und Akquisitionen auf Produktmarktebene, sofern diese zur Philosophie der Firma passen und sich ihre Bewirtschaftung nach den ökonomischen Leitplanken der Ganske Verlagsgruppe richtet.

TEUBNER · Hallwag · GRÄFE UND UNZER

GRÄFE UND UNZER EDITION · unum eins sein. ganz sein. · BLV · MERIAN

POLYGLOTT · HOLIDAY · ADAC · PiN CAMP

GRÄFE UND UNZER

Wigald BONING // Rüdiger DAHLKE //

Stefan FRÄHDRICH // Susanne FRÖHLICH //

Reinhard HALLER // Steffen HENSSLER //

Ursula KARVEN // Bernd KLEINE-GUNK //

Johann LAFER // Michael LEHOFER //

Veit LINDAU // Hubertus MEYER-BURCKHARDT //

Anna PAUL // Ernst PÖPPL //

Johanna PAUNGGER & Thomas POPPE //

Matthias RIEDL // Franzi & Andi SCHWEIGER //

Golo WILLAND // Johannes WIMMER //

Eckart WITZIGMANN

GRÄFE UND UNZER (AUTORENVERLAG)

Mit der Gründung des Gräfe und Unzer Autorenverlages erweitert der Verlag 2007 sein Portfolio um eine neue Produkt-Marke. Die Initiative geht auf Georg Kessler und Ulrich Ehrlenspiel, den damaligen GU-Verlagsleiter Gesundheit und Lebenshilfe, zurück, die angesichts des stark wachsenden Segmentes der Prominenten-Ratgeber an dieser Marktentwicklung partizipieren wollen, ohne das angestammte Markenkonzept zu beschädigen.

SONDERKONJUNKTUR

Fernsehköche kurbeln den Umsatz an.

Um die Mitte der 2000er Jahre sorgen insbesondere Fernsehköche für eine Sonderkonjunktur im Segment Essen und Trinken, die an GU vorbeigeht. Sie tragen mit ca. 10 Prozent des Gesamtumsatzes kräftig zu einem Aufschwung dieses wichtigsten Teilmarktes bei, und ihr Erfolg beginnt auf andere Ratgeber-Warengruppen abzustrahlen.

Da sich Kochbuchautoren wie Lafer, Schuhbeck & Co. nicht auf die Leitmaxime von GU, *„der Star ist die Marke, nicht der Autor"*, einlassen wollen, ist die Gründung eines eigenen Labels in der Markenfamilie von Gräfe und Unzer nur die logische Konsequenz, mit der man außerdem den Markt zwischen Ratgeber und Sachbuch neu zu segmentieren versucht. Die strategischen Vorgaben, jährlich nur ein kleines Programm zu publizieren, dessen Vertreter aber zu 50 Prozent Bestseller sein sollen, erfüllt der Verlag auf Anhieb.

Aus dem Stand heraus können sich mit der Gründung im Frühjahr drei der fünf Novitäten im Laufe des Jahres 2007 in der Bestsellerliste positionieren.

DER STAR IST DER AUTOR, NICHT DIE MARKE

Der Auftritt im Frühjahr 2007 wird zusammen mit der renommierten Werbe- und Marketingagentur JungvonMatt vorbereitet, die das Imprint auch in den darauffolgenden Jahren strategisch begleitet. Der Markenkern lautet „Begeisterung“, auf einen Claim wird verzichtet.

Sonderstellung im Portfolio.

Auftrag an den Autorenverlag ist, themenspezifisch Kaufkraft aus dem gesamten Lesermarkt abzuschöpfen. Nicht nur aufgrund der Zielgruppenbreite und der Vermarktung bekannter Persönlichkeiten kommt dem Verlag eine Sonderstellung im Portfolio zu, sondern auch wegen seiner Bewirtschaftungslogik. Der Anspruch an die hohe Bestsellertauglichkeit, die thematisch von der Strahlkraft der Überraschung und dem Imagetransfer lebt, wird um den Preis eines ephemeren Lebenszyklus erkauft, der nur selten in eine dauerhafte Backlist mündet und über Taschenbuchlizenzvergaben an Fremdverlage – wie etwa dtv oder Mosaik bei Goldmann – verlängert wird. Beim Autorenverlag greift deshalb die aus der Belletristik bekannte Wertschöpfungskaskade der Hardcover-Taschenbuch-Mechanik, die dem Ratgebersegment fremd ist.

Mit der Gründung des Gräfe und Unzer Autorenverlages gelingt 2007 auf Anhieb eine erfolgreiche Fortentwicklung des Markenportfolios. 15 Jahre später ist dieser Verlag nicht mehr aus dem Markenverbund wegzudenken und zählt heute nicht nur zu den unverzichtbaren Ertragssäulen des Hauses, sondern liefert auch Anschlussflächen für programmatische Erneuerungen in Richtung Debattenbuch, Memoir sowie erzählendes Sachbuch. Das Jubiläumsprogramm 2022 spiegelt diese Weiterentwicklung wider: An die Seite des Autorenverlages ist mit der Gräfe und Unzer Edition eine neue Submarke getreten, die das Potenzial des Verlages auszuschöpfen hilft.

2010 erscheint der Lebenshilfe-Ratgeber des renommierten Hirnforschers und Psychologen Ernst Pöppel.

Mit dem Tiroler Zahlenrad *der beiden österreichischen Autoren Paungger/Poppe kann der Autorenverlag seinen erfolgreichen Start 2008 fortsetzen.*

Für einen Paukenschlag sorgt 2010 Der Große Lafer. Die Kunst der einfachen Küche, *der den Erfahrungsschatz des Meisterkochs in 60 aufwendig fotografierten Klassikerrezepten nebst 300 raffinierten Varianten Schritt für Schritt zusammenträgt. Bildlich in Szene gesetzt werden die Rezepte vom bekannten Freiburger Fotodesigner Michael Wissing. Trotz des Ladenpreises von 49,95 € geht der Titel über 140.000-mal über den Ladentisch und erreicht selbst im auf preiswerte Bücher spezialisierten Weltbild Verlag Bestsellerstatus.*

Mit der Dukan Diät *des französischen Ernährungswissenschaftlers Pierre Dukan sichert sich der Autorenverlag 2011 einen internationalen Bestseller, der auch in Deutschland für Furore sorgt.*

Mit der Journalistin und Schriftstellerin Susanne Fröhlich publiziert der Verlag mehrere Bestseller, darunter Kann weg *(2017),* Fröhlich fasten *(2018) sowie* Weltretten für Anfänger *(2019).*

Spitzentitel des Jahres 2016 ist die neue Biographie des TV-Kochs und Publikumslieblings Horst Lichter. Der Titel steht 49 Wochen auf der SPIEGEL-Bestsellerliste und unterstreicht das thematische Potenzial des Autorenverlages.

Johann Lafer zählt seit der Gründung zu den Stammautoren des Verlages. Zusammen mit Detlef Pape veröffentlicht er 2010 Lafer nimmt ab, *und in jüngster Zeit mit Petra Bracht und Roland Liebscher-Bracht* Essen gegen Arthrose *(2019) sowie mit seinem Lehrer Eckart Witzigmann* Lafer-Witzigmann. Eine Freundschaft – 100 Rezepte *(2020), das die raffiniertesten Rezepte der beiden Spitzenköche präsentiert.*

In Diese ganze Scheiße mit der Zeit *setzt sich 2019 Hubertus Meyer-Burkhardt auf sehr persönliche Weise mit der Lebenszeit auseinander: „Sein kluger Text ist Spaziergang und Zeitreise, ein wunderbares Schlendern durch Vergangenheit, Gegenwart und Zukunft." (Ildikó von Kürthy)*

Im Frühjahr 2021 startet Steffen Henssler mit dem Kochbuch Hensslers Schnelle Nummer, *dem Begleitbuch zum gleichnamigen erfolgreichen Youtube-Format, beim Autorenverlag durch. Das überarbeitete Logo verleiht dem Schriftzug einen gelben Rahmen. Noch vor Erscheinen ist die erste Auflage bereits vergriffen, bis zum Jahresende werden 200.000 Exemplare des Titels verkauft sein.*

JUBILÄUMSPROGRAMM 2022

Im Jubiläumsjahr 2022 hat der Autorenverlag neues Entwicklungspotenzial entfaltet. Mit der Gräfe und Unzer Edition bereichert der Verlag seine „Jubiläums-Essenzen“, eine markenübergreifende Programminitiative, die über die Banderole ausgelobt wird und deren Corporate Design anlassbezogen eng mit GU abgestimmt ist. Diese visuelle Klammer prägt alle Schwerpunkttitel des 300. Gedenkjahres.

TEUBNER

TEUBNER

1978 gründet der Food-Fotograf Christian Teubner in Füssen die Teubner Edition mit dem ersten Band *Das große Buch der Pasteten.* Teubner ist zu diesem Zeitpunkt bereits arriviert und hat sich mit seinen Rezeptfotos für den *stern* einen Namen gemacht. Gräfe und Unzer, das seit den Kochkarten mit Teubner zusammenarbeitet und dessen Anspruch und ästhetische Linie teilt, übernimmt 1979 den Vertrieb der Teubner Edition, die hervorragend zur Banzhaf'schen Vertriebsgesellschaft für den nichtbuchhändlerischen Fachhandel passt.

Teubner baut die Reihe *Das große Buch vom …* in den kommenden Jahren kontinuierlich aus (bis 2000 mit 13 Titeln). Dann entwickelt er ab 1995 in Kooperation mit Time Life die Reihe *Die 100 Besten,* die auf dem internationalen Markt erfolgreich ist (15 Titel bis 2000).

Das große Buch der Pasteten, *1978 als erstes Buch der Teubner Edition veröffentlicht, wird bis 2008 unverändert 30 Jahre lang bei Rezepten, Warenkunde und Gestaltung nachgedruckt, nur das Cover wandelt sich.*

UNTER NEUER FLAGGE

Beflügelt vom Erfolg der innovativen Produktpolitik bei GU, der errungenen Marktführerschaft und der Aussicht auf einen mittelfristigen Marktanteil von 15 Prozent beim Ratgeber, priorisiert die Ganske Verlagsgruppe 2001 ihren Investitionsschub in Richtung Gräfe und Unzer und dessen Polymarkenstrategie: Die vertrieblich unternehmensverschwisterten Verlage Teubner Edition und Hallwag Verlag bieten eine einzigartige Möglichkeit, das Portfolio nach oben in den hochpreisigen Premiumsegmenten Kochen und Wein abzurunden und damit zu einem auf lange Sicht unverzichtbaren Anbieter auf Handelsseite zu werden. Die Akquisitionen werden noch im selben Jahr besiegelt. Damit reiht sich die Teubner Edition wie Hallwag als Produktmarke unter Gräfe und Unzer ein und wird markenspezifisch bewirtschaftet.

Auf den Nimbus von Teubner zahlt zeitgleich der im Herbst 2001 erscheinende, bis heute unerreichte „Koloss der Warenkunde"[52] *Food. Die ganze Welt der Lebensmittel* ein, der als Vermächtnis Christian Teubners gilt und nicht nur in der Kochszene für Furore sorgt.

PRODUKTNIMBUS

In deutlicher Abgrenzung zu GU wird Teubner als anspruchsvolle, hochwertige Kochbuch-Marke für Profi- und ambitionierte Hobbyköche positioniert, die sowohl den gesellschaftlichen Leitmilieus als auch dem statusorientierten Milieu angehören. Kernzielgruppe sind anders als bei GU Männer aller Altersklassen, die bei Teubner fundierte Hintergrundinformationen und Inspirationen für ihre Kochleidenschaft finden.

„15 Basilikumarten, 48 Reissorten und 204 Nudelvarianten: (...) ein kolossaler Appetithappen, der nicht schwer im Magen liegt, sondern den Heißhunger der Neugier weckt." urteilte die F.A.Z. anlässlich des Erscheinens dieser Bibel der Warenkunde, die mit über 3.000 Abbildungen auf 336 Seiten im Foliantenformat und einem Gewicht von 3,9 kg als kulinarische Warenkunde für die ganze Welt gilt und bis heute das ultimativ illustrierte Küchenlexikon der Gegenwart ist. Der Titel wird in elf Sprachen übersetzt. 2006 erscheint das Buch auch als Industrieausgabe für die Metro Group, von der 160.000 Exemplare in zwölf Sprachen produziert werden.

AUTOREN DER STERNEGASTRONOMIE

Das Renommee, das der Verlag in der Kochszene genießt, verdeutlichen nicht nur die vielen GAD-Medaillen, die der Verlag seit 1979 errungen hat – bis heute sind es 65![53] Es sind vor allem seine Autoren – ausnahmslos Spitzenköche der Sternegastronomie, die mit ihrem Namen Zeugnis für die Qualität ablegen. Im Unterschied zu GU „fügen“ sie sich gerne der Marke Teubner, wenn sie als Beiträger eines neuen Standardwerkes aufgeführt werden. Jeder Anhang der Bücher in der Teubner-Reihe *Das große Buch vom…* portraitiert kurz die Sterneköche, die sich wie das Who-is-who der deutschen Kulinarik lesen – von Bräuer und Haas über Lafer und Steinheuer bis Winkler und Witzigmann. Sie erfüllen mit ihren Rezepten die Gewährleistung der Marke, keine minderwertigen Substanzen von Producern oder Vielschreibern zu verwenden.

ZWEITE UMSATZDIMENSION

B2B-Bereich zählt zum Ertragsmodell.

Die Begehrlichkeit dieser Substanzen macht Teubner auch für Industrie- und Geschäftspartner im B2B-Bereich interessant, für die regelmäßig Industrie- und Sonderausgaben zusammengestellt werden – ein lukratives und notwendiges Zusatzgeschäft, das die Vorinvestitionen in die aufwendige Contentproduktion abfederte, weshalb diese zweite Umsatzdimension neben dem Handelsgeschäft von Beginn an zum Ertragsmodell von Teubner zählt.

Nach der Akquisition entwickelt Gräfe und Unzer das Corporate Design weiter und launcht 2002 den neuen Produktauftritt der nun zur Produktlinienmarke erhobenen *Teubner Edition* mit den Titeln *Das große Buch vom Obst* und *Das große Buch vom Gemüse.* Zum aktualisierten Corporate Design zählen ein neues Logo, ein überarbeiteter Kommunikationsauftritt und der Claim „Für Köche, die es wissen wollen“. Die kalte, modernistische Anmutung der Buchverpackung mit einem transparenten Kunststoffeinband ist der Begehrlichkeit der Premium-Marke abträglich, weshalb sie bereits nach zwei Jahren aufgegeben und durch ein Redesign ersetzt wird.

Die neue Produktästhetik der Teubner Edition *im Jahre 2002: Weiße Hintergrundgestaltung der Buchcover, neues Logo, mittig am unteren Bildrand platziert, und der Claim „Für Köche, die es wissen wollen" sollen die nächste Evolutionsstufe im neuen Jahrtausend begründen. Der modernistische Ansatz, der einhergeht mit einem transparenten Kunststoffumschlag, befördert eine kalte Anmutung der Bücher, die der Begehrlichkeit der Marke abträglich ist und vom Markt nicht goutiert wird.*

ALLEINSTELLUNG UND PRESTIGE: EDITION UND SOLITÄRE

Der Distinktionsverlust erfordert eine ästhetische Überarbeitung und Neuausrichtung, die der *Teubner Edition* eine formale Alleinstellung und Geschmacksführerschaft im Konkurrenzumfeld sichern muss, deren Haltbarkeit auf zehn Jahre angelegt sein soll. Das Redesign wird zusammen mit Independent Medien Design, der Art Direction des Gräfe und Unzer Verlages, entwickelt. Es betrifft nicht nur die Covergestaltung, sondern auch deren stoffliche Veredelung, um über die Materialhaftigkeit des Einbandes auch haptische Signale aussenden zu können. Dazu ist ein Schmuckschuber vorgesehen, der die Produkt-Wertigkeit erhöht und die Dauerhaftigkeit der Qualität unterstreicht. Neben der *Edition* und den Solitären forciert Gräfe und Unzer ab 2005 auch den Reihengedanken auf niedrigeren Preisstufen, wie etwa die Reihen *Handbuch Kochen* und *Das kleine Buch …*, die Teubner-Rezepte in Substanzverwertung zu einem attraktiven Preis im handlichen Format anbieten.

Mit dem Redesign von 2004 kann die Teubner Edition *ihren Distinktionsvorsprung ausbauen. Die Produktemotionalisierung tritt klassisch-edel zurückhaltend auf. Zu ihren Merkmalen zählt insbesondere auch die haptische Veredelung des Einbandes, der den durch einen Schmuckschuber geschützten Büchern eine hohe Wertigkeit verleiht. Über alle Designstadien hinweg werden die Bände in 13 Sprachen lizensiert, darunter auch ins Arabische.*

Die Tradition der Solitäre setzt 2007 die *Deutsche Küche* fort, die einen Entwicklungsvorlauf von drei Jahren hat. Sie gehört wie *Food* zu den Flaggschiffen des Programms und rundet dieses mit 99,- € preislich nach oben ab. Der monolithische Charakter wird durch das Gewicht (3,8 kg) und das Foliantenformt (23 x 33 cm) unterstrichen. Der Text wird auf dem Cover bewusst reduziert eingesetzt, um die Wirkung des Hauptmotivs, eine perfekt gegarte Kartoffel als prototypische Vertreterin der Warenkunde, zu ästhetisieren und die Inszenierung in den Dienst des Absenders zu stellen. Das Markenzeichen des Verlages, eine prominent herausgestellte T-Abbreviatur auf strukturiert quadratisch-silbrigem Fond, ist durch seine aufgebrachte Trägerfolie genauso haptisch differenziert wie der Titel und der U-4-Text, die geprägt werden. Schmuckschuber, Kapitalbändchen und drei in goldener Farbe gehaltene Lesebändchen, in die die Aufschrift Teubner eingenäht ist, kodieren als konstituierende Distinktionsmerkmale diesen hochpreisigen Solitär von Teubner im oberen Preisbereich.

Mit der Deutschen Küche *von 2007 unterstreicht Teubner eindrucksvoll seine Alleinstellung und sein Prestige im deutschen Kochbuchmarkt. Mit einem Entwicklungsvorlauf von drei Jahren und Spitzenköchen wie u. a. Bobby Bräuer, Hans Haas, Christian Jürgens, Jörg Müller, Jörg Sackmann und Hans Stefan Steinheuer als Autoren entsteht ein einzigartiges Standardwerk, das den Nimbus des Verlages eindrucksvoll bekräftigt.*

Im Herbst 2014 erhält Teubner ein weiteres Redesign mit neuem Logo, das bis heute Gültigkeit besitzt. Die Bände setzen noch konsequenter auf Optik und Opulenz in der Ausstattung und mit der Limited Edition auf Außergewöhnlichkeit und Exklusivität: für eine Zielgruppe, die kompromisslos ihrer Kochleidenschaft frönen will. 2021 entscheidet sich Gräfe und Unzer für eine Markenkooperation mit dem auf Kulinaristik spezialisierten Wiesbadener Tre Torri Verlag, dessen Vertrieb die Münchner 2016 übernommen hatten: Fürderhin wird das Programm und anspruchsvolle Erbe von Teubner und Hallwag an den Verleger Ralf Frenzel lizensiert, der für den Premiumverbund Teubner-Hallwag-Tre Torri die Genussmanufaktur für ambitionierte Küche und Weinwissen einläutet.

Die Solitäre von 2014 setzen auf Opulenz in der Ausstattung und Sinnlichkeit beim Genießen. Zwei Titel erscheinen zeitgleich zum Preis von 129,- bzw. 99,- €: Messer *sowie* Grillen & Räuchern. *In einer Limited Edition wird der Spitzentitel* Messer *mit einem Damastmesser von KAI und einem Holzschuber mit abnehmbarem Messerfach für 299,- € angeboten. Das neue Logo besitzt bis heute Gültigkeit.*

Im Herbst 2021 erscheint Das große Buch der Saucen, *ein weiterer Relaunch der* Teubner Edition. *Teubner und Hallwag geben ab diesem Zeitpunkt eine Markenkooperation mit dem Tre Torri Verlag in Wiesbaden ein, an den das künftige Programm lizensiert wird.*

Hallwag

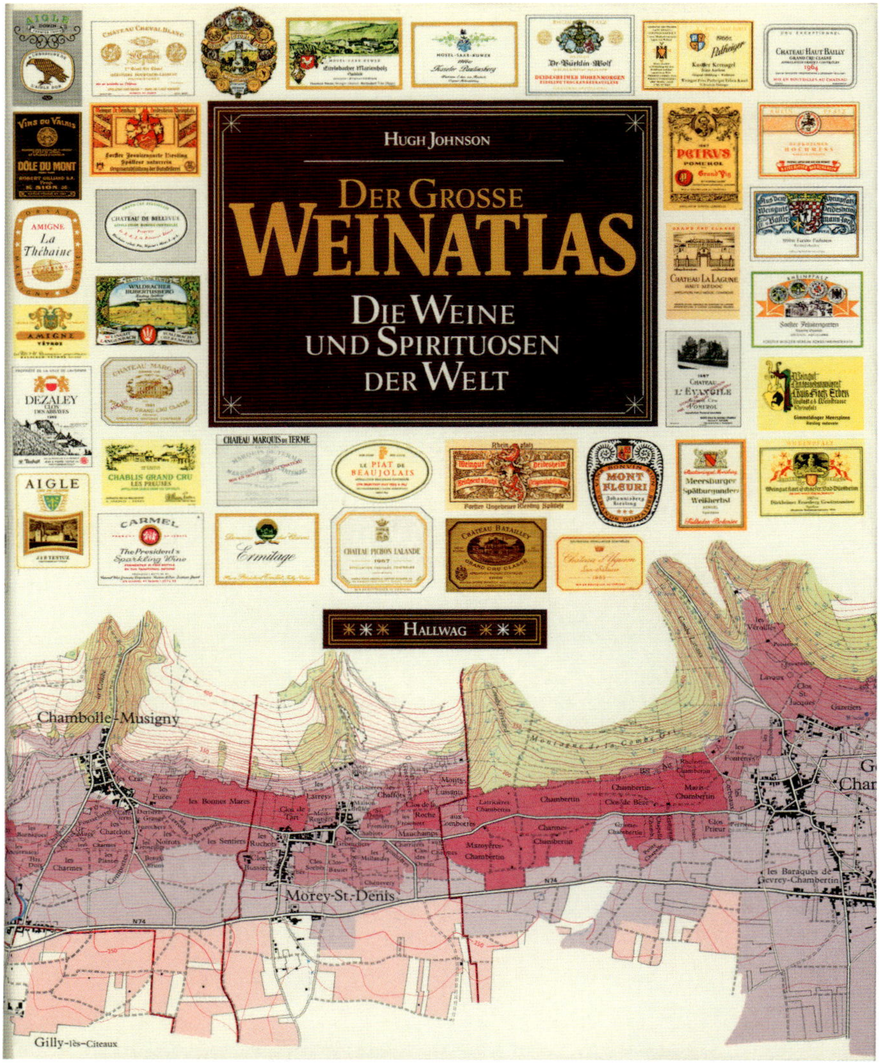
Hugh Johnson
Der Grosse
Weinatlas
Die Weine
und Spirituosen
der Welt
Hallwag
Chambolle-Musigny
Morey-St.-Denis
Gilly-lès-Citeaux

HALLWAG

Die Hallwag AG wird 1912 aus dem Zusammenschluss der Buchdruckerei **Hall**er und dem Verlag **Wag**ner gegründet, beide in Bern ansässig. Das Unternehmen umfasst die besagte Druckerei und einen Zeitschriftenverlag, der die erste Automobilzeitung der Schweiz verlegt *(Automobil Revue),* ab den 1920er Jahren Straßenkarten zu publizieren beginnt und sich in den 1940er Jahren auch der Kalender- und der Buchproduktion verschreibt, vor allem werden Sachbücher und Belletristik veröffentlicht.[54]

Nach dem Zweiten Weltkrieg wird das Buchprogramm weiter ausgebaut und in den 1960er Jahren um Ratgeber Gesundheit und populärmedizinische Titel ergänzt. Ab 1972 setzt der Verlag dann Akzente im Segment Essen und Trinken. Es gelingt ihm, die deutsche Lizenz für das Standardwerk *Der große Weinatlas* von Hugh Johnson zu erringen, mit dem er sein Weinprogramm startet. Bald folgen weitere Weintitel, darunter der *Atlas der französischen Weine* sowie das erfolgreiche Jahreswerk *Der kleine Johnson,* der jahrzehntelang ein Kernprodukt des Verlages ist.

1972 gelingt es Hallwag, die deutsche Lizenz von Hugh Johnsons The World Atlas of Wine *von Mitchell Beazley zu erwerben. Der Atlas gilt mit seinem Erscheinen sofort als verlegerischer Meilenstein der Weingeographie, der auf völlig neue Art die Klarheit und Präzision guter Kartographie mit dem Genuss von Wein verbindet. Der Band erschließt nicht nur die Informationen auf dem Etikett, die Beziehungen zwischen Weinbergen, Orten und Landschaften, sondern macht auch mit filigranem Strich erstmalig alle Terroirs deutlich sichtbar.*

Ab 1976 erringt der Verlag Achtungserfolge auf dem Kochbuchmarkt. Die Hallwag-Formel „Ratgeber mit kulturellem Hintergrund (...) (setzt) sich auf dem Markt durch. *Die geheimen Rezepte der besten Restaurants Frankreichs* und Fritz Gfellers *Emmentaler Küche* waren die ersten auflagenstarken Vorläufer. Ein Spitzentitel wurde *Ächti Schwizer Chuchi* von der legendären Köchin Marianne Kaltenbach, die in der Folge die Hausautorin von Hallwag war und knapp ein Dutzend Titel mit großem Erfolg veröffentlichte.“[55]

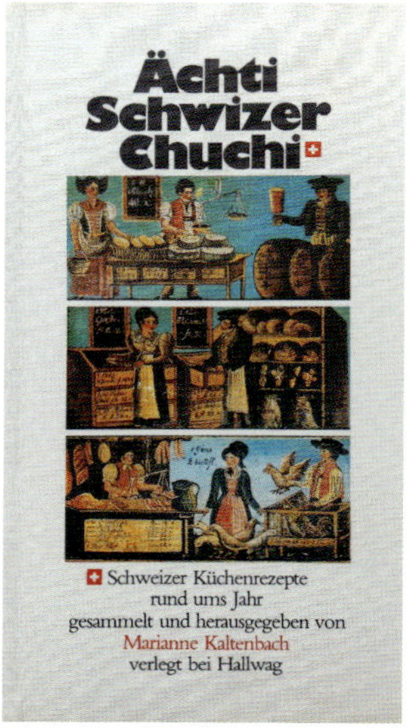

Mit den Kochbüchern von Marianne Kaltenbach macht sich Hallwag auch bei der Kulinarik einen Namen. Die Schweizerin zählt mit ihren Büchern schnell zu den unverzichtbaren Stammautoren des Verlages. Aus Schweizer Küchen *– links das Cover der Ausgabe von 2007 – wurde nach der Neupositionierung von Hallwag 2002 zum Backlistseller von GU.*

Mit dem systematischen Aufbau der Hallwag-Weinbibliothek entwickelt sich das Haus spätestens seit den 1990er Jahren zum führenden Weinverlag im deutschen Sprachraum. Gleichzeitig gerät das heterogene Produkt- und Dienstleistungsportfolio des Verlages immer stärker in wirtschaftliche Schieflage und führt 1998 dazu, dass sich die Firma vom Druckgeschäft trennt. Die Hallwag-Druckaufträge gehen an die lokale Benteli Druck AG über. Im Jahre 2000 übernimmt Gräfe und Unzer zunächst Marketing und Vertrieb für das Wein- und Kochbuchprogramm von Hallwag, um den Buchverlag dann 2001 vollends zu akquirieren. Die Kartographie des Hauses wird von MairDumont übernommen. Mit dem Kauf des Buchverlages wird Hallwag wie Teubner, Merian und GU zur Produktmarke im Markenportfolio von Gräfe und Unzer.

ZU JEDEM WEIN-THEMA DAS INTERNATIONAL BESTE BUCH

Mit dem Erwerb des Hallwag Verlages ist das Ziel verbunden, den Verlag bis 2004 zum reinen Weinbuchverlag und Marktführer zu etablieren und zu jedem Wein-Thema das international beste Buch im Programm zu führen. Diese spitze Positionierung im Markenportfolio mit dem Claim „Wein lesen“ kann nur über Lizenzeinkäufe gelingen, weshalb man die Bewirtschaftungsphilosophie des Originalproduzenten aufgeben muss. Damit können die weltweit führenden Weinautoren – Hugh Johnson, Jancis Robinson, Michael Broadbent, Robert M. Parker und Stuart Pigott – an das Programm gebunden werden. Darüber hinaus gelingt es, Einkaufsführer wie den *Gambero Rosso* zu akquirieren, den mit Abstand wichtigsten italienischen Weinführer, der wie der *Kleine Johnson* jährlich aktualisiert und mit großem Presse- und Marketingaufwand sowie aufwendiger Verkostung jedes Frühjahr in München präsentiert wird.

Positionierung über Lizenzeinkäufe.

Auf das Renommee des Verlages zahlt auch die Kooperation mit Slow Food ein, dessen kulinarischen Reiseführer *Osterie d'Italia* der Verlag bis heute im Programm führt und der ein Synonym für die hochwertige authentische Küche Italiens ist. Damit unterstreicht Hallwag seine Alleinstellung im deutschsprachigen Markt und baut über Taschenführer, Weinatlanten, Lexika, Einkaufsführer und Weinmonographien seine Marktführerschaft aus. Die Zielgruppe, die aus Einsteigern, Kennern und Profis besteht, wird als überwiegend männlich verortet und entstammt vor allem dem Milieu der Etablierten.

Mit dem Parker Bordeaux *sichert sich Hallwag ein Magnum Opus der Weinliteratur: Seit 1985 gilt das Werk des amerikanischen Weinkenners Robert M. Parker als der wichtigste Einkaufsführer der Weine des Bordelais. Auf über 1.200 Seiten liefert die vierte Ausgabe von 2004 Bewertungen zu über 700 Produzenten und bildet damit das Weinbaugenbiet Bordeaux detailgetreu ab. Parker avancierte mit dem Werk zu einem der einflussreichsten und weltweit bekanntesten Weinkritiker.*

Digitaler Wandel erzwingt Strategiewechsel.

Mit dem digitalen Wandel beginnt sich der Abschwung des Printmarktes für Weinbücher abzuzeichnen. Dieser beschleunigt sich in den 2010er Jahren und setzt vor allem den Jahreswerken und kulinarischen Reiseführern empfindlich zu, womit die strategische Grundausrichtung des Hallwag Verlages im Markenportfolio gefordert ist. Konnten etwa zu Beginn der 2000er Jahre vom Kleinen Johnson noch sechsstellige Verkaufszahlen jährlich erzielt werden, hat sich die Auflage ab 2007 kontinuierlich nach unten bewegt und heute längst im niedrigen fünfstelligen Bereich eingependelt.

Zukunft des Hallwag Verlages

Eine konsequente digitale Strategie, um diese Substitutionseffekte zu kompensieren, kann Hallwag dann aufgrund seines Satellitenstatus und seiner geringen Ertragskraft im Umfeld der Markensonne GU nicht verfolgen. Es bedarf eines integralen Ansatzes, um die Zukunft der Weinmarke Hallwag zu sichern. Im Herbst 2021 geht Gräfe und Unzer eine Markenkooperation mit dem auf Kulinaristik und Wein spezialisierten Tre Torri Verlag ein. Der Wiesbadener Verlag übernimmt die Federführung beim Programm.

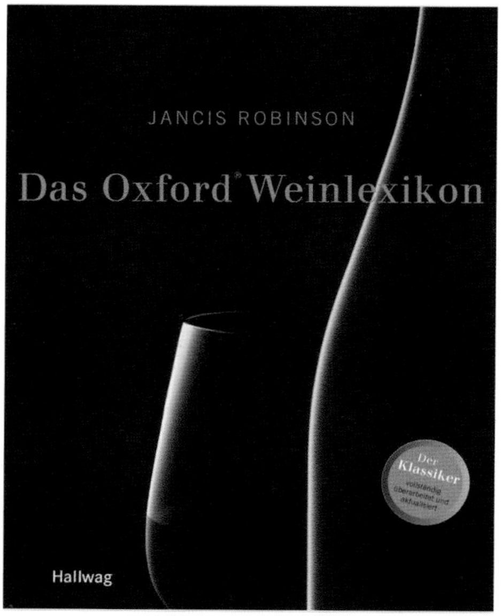

Die international angesehene Weinexpertin Jancis Robinson hat mit dem Oxford Weinlexikon *das renommierteste und umfangreichste Nachschlagewerk zum Thema Wein geschaffen. Es wurde mit Preisen überhäuft, darunter mit je einer Goldenen Feder und einer Goldmedaille der GAD. Die Ausgabe von 2007 enthält über 3.900 Einträge, an denen 167 Fachautoren mitgearbeitet haben.*

Über 1.700 Adressen von Osterien, Trattorien, Enotheken und Bars, die für originale italienische Esskultur und authentische Küche stehen, trägt der Osterie d'Italia 2020/21 *zusammen. Der kulinarische Reiseführer, der von Slow Food herausgegeben wird, hat seit 2001 seinen festen Stammplatz im Hallwag-Programm.*

Weinbuchklassiker und Standardwerk: 2009 erscheint der große Bruder in der sechsten Ausgabe bei Hallwag. Der Taschenführer Der kleine Johnson *ist zu diesem Zeitpunkt längst zum erfolgreichsten Weinführer der Welt avanciert.*

Der große Weinatlas *unter der Federführung von Johnson und Robinson in der achten, vollständig überarbeiteten Ausgabe wird von Hallwag 2020 publiziert. Mittlerweile wurde das Standardwerk in 15 Sprachen übersetzt und erreicht eine Auflage von 4,7 Mio. Exemplaren.*

Der kleine
Bio-Kräutergarten
Gestalten | Bepflanzen | Verwerten
MARIE-LUISE KREUTER
blv

BLV

von Hartwig Schneider

Am 9. August 1948 erhielten die Herren Dr. Alois Schlögl und Max Österreicher von der amerikanischen Militärregierung in München die Lizenz Nr. US-E-126 für den Bayerischen Landwirtschaftsverlag zur Veröffentlichung von Büchern und Zeitschriften. Dr. Schlögl war Generalsekretär des 1945 gegründeten Bayerischen Bauernverbandes und Max Österreicher ein Verlagsmann.

Bücher wurden in den ersten Jahren nur wenige verlegt und wenn, mit landwirtschaftlichem, meist fachlichem Hintergrund. Das Buchprogramm der 50er und auch noch der frühen 60er Jahre wirkt heute etwas zufällig. Neben Schul- und Fachbüchern erschienen Romane wie 1955 *An den Wurzeln des Lebens.* 1955 gelang dann mit zwei Autorinnen der Einstieg in den echten Publikumsverlag BLV. 1955 war also gewissermaßen das zweite „Gründungsjahr" des Buchverlages.

TERRAIN ABGESTECKT MIT STUBER, SCHUBERT, KREBS UND PAUSE

Hedwig Maria Stuber brachte *Ich helf dir kochen* heraus, das bis heute durchgehend mit Abstand wichtigste Buch des BLV. Es verkaufte sich bereits im ersten Jahr über 100.000-mal, insgesamt mehrere Mio. Mal.

Ich helf dir kochen *von Hedwig Stuber hat sich seit seinem Erscheinen 1955 zum wichtigsten Buch des Verlages entwickelt und wurde millionenfach verkauft. Heute wird die Ausgabe von Stubers Tochter Angela Ingianni betreut.*

Die *„Welt"* schrieb einmal, anhand dieses Buches könne man die gesellschaftliche Entwicklung der Bundesrepublik Deutschland seit 1955 nachvollziehen und dachte dabei wohl an Stellen wie in der ersten Ausgabe im Kapitel „Kleine Küchenkosmetik". Dort steht: „Kein Mann schätzt es, wenn er zur Mittagszeit nach Hause kommt, seine Frau mit fettig glänzendem Gesicht zu sehen. Vor dem Essen ist auf jeden Fall die Arbeitsschürze abzunehmen und ein Blick in den Spiegel zu tun, um die Haare zu ordnen." „Die Stuber" ging immer „mit der Zeit": nicht aber als Vorreiterin, sondern immer ein wenig zeitversetzt, sodass die eigene, etwas konservativere Zielgruppe mitkommt. War eine Neuausgabe fertig, legte die Autorin – und in jüngerer Zeit ihre Tochter Angela Ingianni – bereits einen Ordner an, in dem ständig neue Ideen, neue Rezepte aufgenommen wurden.

Mit Margot Schuberts Im Garten zu Hause *wurde 1955 das Gartenprogramm begründet.*

Die zweite Autorin war die Pflanzenexpertin Margot Schubert. 1955 erschien von ihr *Im Garten zu Hause* und 1957 ihr Zimmerpflanzenbuch *Wohnen mit Blumen*, das bis in dieses Jahrtausend immer wieder neu aufgelegt wurde.

1956 startete die Erstausgabe von *Krebs Vor und nach der Jägerprüfung*, ein Werk, das 2018 in der 61. Auflage neu erschienen ist. Auch ein wahrer BLV Klassiker. Die ersten Jahrzehnte waren der Verkauf des Buches, sein Inhalt und sein Standing im Wettbewerb eher „artig". Dann aber packte den Verlag der Ehrgeiz. Der Krebs sollte das unentbehrliche Buch zur Vorbereitung auf die Jägerprüfung werden. Das ist gelungen.

Das Standardwerk für alle, die der Jagdleidenschaft erlegen sind: Der Krebs *erscheint erstmalig 1956 bei BLV (im Bild die 62. Auflage von 2020).*

1958 erschien *Berg Heil. Die 100 schönsten Bergwanderungen in den Alpen* von dem Journalisten und Berg- und Skifreund Walter Pause. Pause liebte die Sprache, er wollte erzählen, begeistern, aber auch ebenso korrekt beschreiben.

Das Buch schlägt sofort ein. „Auf einer Doppelseite findet der Interessierte alles, was er wissen muss: Links ein anregender Text, ein knapper Tourensteckbrief und eine modern gezeichnete Kartenskizze, rechts ein Sehnsucht weckendes Foto – fertig ist das erste alpine Rezeptbuch." (Sohn Michael Pause in *Mit glücklichen Augen. Die hundert schönsten Geschichten aus dem Leben von Walter Pause*).

Mit diesem erfolgreichen Konzept erschienen insgesamt 27 Berg- und Skititel von Pause bei BLV. Der über die Jahre erfolgreichste, nach seinem Tod von seinem Sohn Michael weitergeführte, war zweifelsfrei *Münchner Hausberge. Die klassischen Ziele,* immer wieder mit neuem Cover, das aber immer dasselbe Motiv zeigen musste: Im Vordergrund die Münchner Frauenkirche, im Hintergrund ein Föhnbergpanorama. Ein Bild, das von den Münchnern geliebt und ob der mit dem Föhn verbundenen Kopfschmerzen gefürchtet wird.

Mit Stuber, Schubert, Krebs und Pause war BLV im Buchmarkt angekommen. Und geschickt darauf aufbauend entstand ein wettbewerbsfähiges Garten-, Jagd- und Bergbuchprogramm. Natürlich wurde auch das Kochbuchprogramm ausgebaut, nicht aber in der gleichen Breite wie die anderen Bereiche. Geschäftsführer war Dr. Alois Egger, Jahrgang 1899. Er war in Personalunion bis 1968 auch Generalsekretär des Bayerischen Bauernverbandes. 1969 veranlasste er die Umbenennung des Bayerischen Landwirtschaftsverlages GmbH in „BLV Verlagsgesellschaft mbH".

Walter Pause begründet mit Berg Heil *1958 das Berg- und Skiprogramm des Verlages. Seinem Sohn Michael Pause gelingt mit* Münchner Hausberge. Die klassischen Ziele *ein Backlist-Bestseller.*

DIE PROGRAMMSÄULEN

In den 60er Jahren begann Martin Stangl mit dem Titel *Bunte Blütenpracht der Stauden* seinen Siegeszug bei BLV. Insgesamt brachte er 22 Titel bei BLV heraus. Sein 1976 erstmals erschienener *Mein Hobby der Garten* verkaufte sich alleine über eine Million Mal.

***Der Biogarten*: Meilenstein der Ratgeberliteratur.**

1981 dann erschien Marie-Luise Kreuters *Der Biogarten*. Mit diesem Buch wurde der uns wie selbstverständlich erscheinende Begriff des Biogartens erst geboren. Fast 30 Auflagen folgten. Der große Erfolg des Buches bestand in seinem umfassenden Ansatz: von den Grundlagen über allgemeine Praxisempfehlungen bis zum Obst-, Gemüse- und Ziergarten. Mit dem *Biogarten* holte Marie-Luise Kreuter biologisches Gärtnern raus aus der sektiererischen Ecke und rein in die allgemeine Gartenpraxis. Von Frau Kreuter erschienen noch 15 weitere Bücher bei BLV. Das Gartenbuchprogramm wuchs von Jahr zu Jahr – aufbauend auf der wohl ersten Ratgebertaschenbuchreihe *BLV Garten- und Blumenpraxis* – und deckte systematisch alle relevanten Gartenthemen ab.

Seit 1981 ist das ökologische Gärtnern untrennbar mit Der Biogarten *von Marie-Luise Kreuter verbunden. Das Buch, einer der einflussreichsten BLV-Titel, ist die Geburtsstunde eines neuen Programmsegmentes aller „grünen" Verlage.*

Reinhold Messner gilt als der bekannteste Autor des Hauses. Everest. Expedition zum Endpunkt *von 1978 wird ein großer Erfolg. Seine Eindrücke von der Expedition hielt Messner auf Minikassetten an Ort und Stelle fest. Auszüge dieser Aufzeichnungen wurden als Schallplatten gepresst und ebenso erfolgreich verkauft. Sein „historisches" um Atem ringendes Schnaufen blieb so der Nachwelt erhalten.*

Sicher der mit Abstand bekannteste BLV-Autor ist Reinhold Messner, der erste Mensch, der den Everest alleine ohne Sauerstoff bezwang, der erste auf allen Achttausendern. 25 Bücher schrieb er bei BLV. Der große Pause war gar nicht begeistert davon. Als Messner den Everest bestiegen hatte, ging der zuständige Lektor Jürgen Kemmler zum Geschäftsführer Dr. Egger, bat um einen Scheck mit namhaftem Betrag und ein Flugticket nach Katmandu. Dort wolle er den vom Everest kommenden Messner „abfangen", ihm einen Autorenvertrag zu dieser historischen Besteigung vorlegen und Messner mit dem Scheck als Vorschuss auf das Honorar ködern. Kemmler bekam das Ticket und den Scheck unter extrem missbilligenden Blicken der zuständigen Dame aus der Verwaltung, die sicher war, den Kollegen nie wieder zu sehen: „Man wisse ja, wie es da in Katmandu so mit Drogen zugehe!" Es klappte. Messner unterschrieb und schrieb *Everest. Expedition zum Endpunkt,* einen großen Erfolg.

Aus dem Bergprogramm entwickelte sich im Laufe der Jahre ein umfassendes Sportbuchprogramm, wie z. B. mit Reihen wie *Sportpraxis Top* (deren Titel immer mit „Richtig" anfingen) für den normalen Hobbysportler. Die Reihe *Sportwissen* richtete sich eher an ambitionierte Sportler und Sportstudenten. Außerdem gab es umfassende Schwerpunkttitel, wie z. B. *Laufen* von Dr. Thomas Wessinghage, dem Arzt und sowohl national als auch international sehr erfolgreichen Mittelstreckenläufer. Die Sportausbilder wurden mit Lehrplänen bedient, allen voran den *Alpinlehrplänen* mit dem Deutschen Alpenverein, den *Skilehrplänen* mit dem Deutschen Verband für das Skilehrerwesen sowie den *Fußball-* und *Tennislehrplänen.* Dabei ist besonders interessant, dass zu den ersten Skilehrplänen Nr. 1, 2 und 3 zusammen mit dem Jahreszeitenverlag Hamburg Lehrfilme produziert wurden.

Die Reihe Sportpraxis Top *richtete sich an die breite Zielgruppe der Hobbysportler.*

Über Jahrzehnte kultivierte BLV seine Reihe *BLV Naturführer* – handliche Bestimmungsbücher in Reinformat zu einem eindeutigen Thema, wie *Vögel, Käfer, Mineralien* oder *Wolkenbilder.* Immer Broschur, 128 Seiten, immer linke Seite der Text, der die 2 bis 4 Bilder der rechten Seite erklärte, immer Format 12,5cm x 19cm. Die Reihe verkaufte sich jahrzehntelang sehr gut. Am erfolgreichsten aber war der von dem Biologen und BLV Cheflektor Garten und Natur Wilhelm Eisenreich (mit Ute Zimmer und Alfred Handel) 1989 verfasste *BLV Tier- und Pflanzenführer für unterwegs,* intern nur „der TUPF" genannt.

Unmöglich ist es, auch nur annähernd in wenigen Zeilen dem in 70 Jahren gewachsenen Programm, seinen tausenden, von hervorragenden Fachleuten verfassten Büchern gerecht zu werden – nicht einmal

den „heimlichen Bestsellern", von denen ich einen aber hervorheben möchte: Prof. Dr. Walter Schumanns *Edelsteine und Schmucksteine,* der, 1976 erstmals herausgegeben, 18 Auflagen erlebte und die mit Abstand meisten fremdsprachigen Lizenzabschlüsse bei BLV erzielte!

Bis 1987 blieb auf der Gesellschafterseite der Nachkriegszustand gleich. Gesellschafter waren zu 40 Prozent der Bayerische Bauernverband (BBV), zu 25 Prozent Dr. Schlögel (später seine Erben), zu 24 Prozent Max, später sein Sohn Kurt Österreicher und zu 11 Prozent der Bayerische Raiffeisenverband. Geschäftsführer war immer noch Dr. Egger, 87 Jahre alt.

Die BLV Naturführer, oben Käfer, *zählen seit Jahrzehnten neben den Konkurrenztiteln von Kosmos und GU zum unverzichtbaren Angebot der Sortimentsbuchhandlungen. Das Standardwerk von Wilhelm Eisenreich, der* BLV Tier- und Pflanzenführer für unterwegs, *hat sich seit seinem Erscheinen 1989 über zwei Millionen Mal verkauft.*

BLV MIT NEUER GESELLSCHAFTERSTRUKTUR

1987 wollte ein Mitglied der Erbengemeinschaft Schlögel raus aus dem Verlag. Ich war damals Generalsekretär des BBV und sah die Chance, meinen Verband zum Mehrheitsgesellschafter zu machen. Das gelang. Die Erben Schlögel und Kurt Österreicher verkauften. Käufer waren die Ippengruppe, der BBV und der Verlag selbst. Der BBV gewann mit Dr. Ippen einen versierten, äußerst erfolgreichen Verlagsfachmann und hielt faktisch die Mehrheit an der BLV Verlagsgesellschaft. Und Dr. Egger schied 14 Tage vor Vollendung seines 88. Lebensjahres aus der Geschäftsführung aus, ich selbst ging in „alter Tradition" mit in die Geschäftsführung und blieb bis Ende 1992.

1998 bekam ich das Angebot, als Nachfolger von Heinz Hartmann Geschäftsführer des Buchbereiches zu werden, was ich mit Begeisterung annahm und bis Ende 2009 blieb. Anfangs der 2000er Jahre trat der „Schwesterverlag" Landbuchverlag Hannover an uns mit dem Vorschlag einer Fusion heran. Die erfolgte so, dass beide Häuser ihre Zeitschriftenaktivitäten in den neu gegründeten Deutschen Landwirtschaftsverlag, an dem BLV die Mehrheit hatte, ausgliederten. BLV war also ein Buchverlag mit einer schönen Zeitschriftenbeteiligung.

Gründung des Deutschen Landwirtschaftsverlages.

Der Buchverlag wurde im Haus immer mehr zum Exoten. Zeitschriftenverlage, insbesondere mit hohem Abonnentenanteil, haben mit Buchverlagen, außer, dass sie beide beschriftetes Papier verkaufen, nichts gemein. Eine gewisse Entfremdung entstand, die dazu führte, dass die Gesellschafter 2004 die BLV Buchverlag GmbH & Co. KG gründeten, die dann aus der Verlagsgesellschaft die Buchaktivitäten zum 01.01.2005 herauskaufte. In den Folgejahren schieden dann aus dem BLV Buchverlag die Ippengruppe und „die Genossen" aus. Nur der BBV blieb noch Gesellschafter. Und da das Büchermachen nicht gerade zu seinen Kernkompetenzen zählte und das Buchgeschäft von Jahr zu Jahr unerfreulicher wurde, entschied der 2018, sich von BLV Buch zu trennen.

Ich wurde beauftragt einen Käufer zu suchen, erinnerte mich meines ehemaligen Kollegen Dr. Georg Kessler als Vorstand der Buchsparte der Ganske Gruppe, meldete mich bei ihm und in kürzester Zeit kamen wir überein, die Möglichkeiten einer Überführung von BLV in Gräfe und Unzer konkret anzugehen. Kurz darauf trafen wir uns in Hamburg bei Herrn Ganske. Der wollte schnell die Marke BLV und einen Teil der Titel. Der BBV überlegte nicht zu lang, verkaufte das Schul- und Lehrbuchprogramm an Ulmer und die wichtigsten Titel mit der Marke BLV an Gräfe und Unzer. Die Verhandlungen waren wie unser früherer Wettbewerb: hart, fair und fast freundschaftlich.

Als jemand, dem BLV bereits seit vielen Jahrzehnten ganz besonders am Herzen liegt, bin ich glücklich, „meinen Verlag" in guten Händen zu wissen. Und ich wünsche Gräfe und Unzer mindestens 100 weitere erfolgreiche Jahre am Markt.

Hartwig Schneider, Geschäftsführer des BLV-Verlages 1987 bis 1992 und 1998 bis 2009, im Bild mit Heinz Hartmann (rechts).

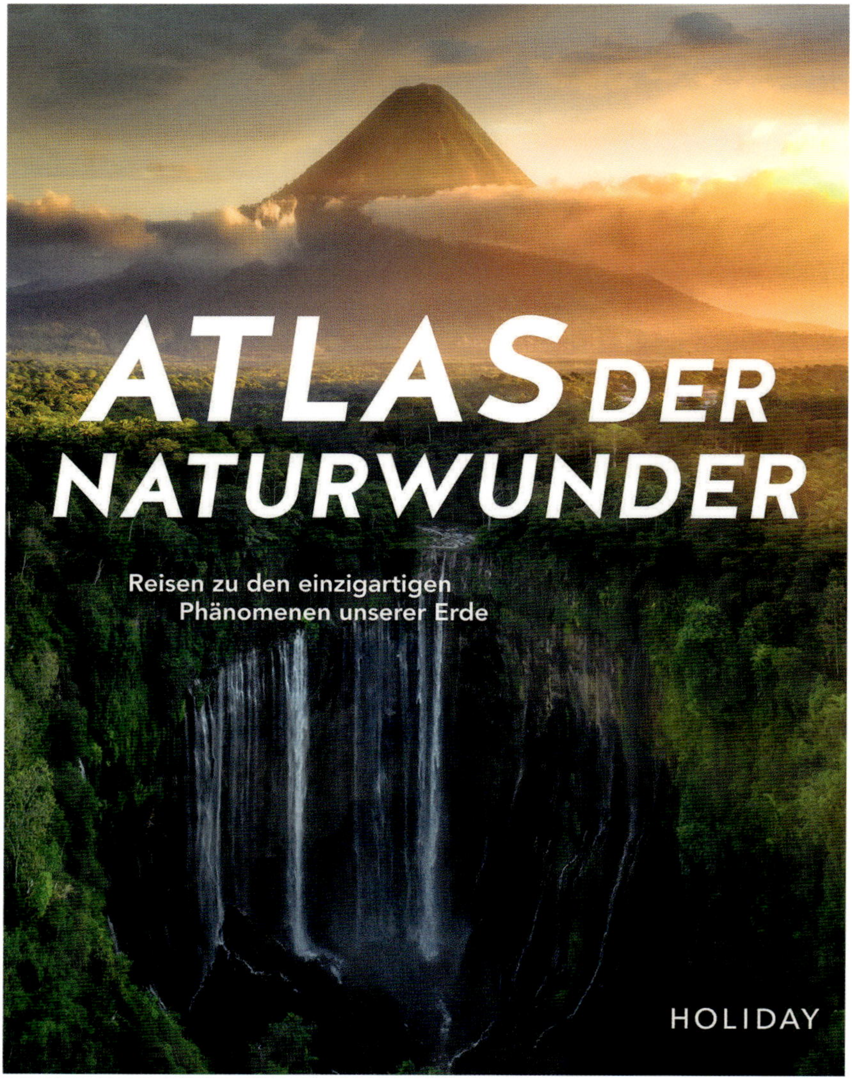
ATLAS DER NATURWUNDER
Reisen zu den einzigartigen Phänomenen unserer Erde
HOLIDAY

DER REISEVERLAG 1948 – 1992: MERIAN

von Joachim Rau

„Nach dem 2. Weltkrieg liegen nicht nur die deutschen Städte in Trümmern, auch die deutsche Verlagslandschaft ist am Boden. Kurt Ganske beginnt mit dem Wiederaufbau des Familienunternehmens, allen voran dem Lesezirkel, der Keimzelle der Ganske Verlagsgruppe. Doch nicht nur das. 1948 gründet er *Merian* als monothematische Reisezeitschrift, die sich mit jeder Monatsausgabe einer Stadt, einer Region oder einem Land zuwendet. Erste Ideen für ein Reisemagazin gab es bereits Jahre zuvor, der Krieg verhinderte aber eine frühere Realisierung. Der Name der Zeitschrift geht auf Matthäus Merian (1593–1650) zurück, der als Kupferstecher und Verleger Bekanntheit erlangte. Für die damalige Zeit außergewöhnlich waren seine Darstellungen von Städten und Landschaften aus der Vogelperspektive. Das erste *Merian*-Heft widmet sich Würzburg. Nicht etwa, weil die touristische Nachfrage nach der Barockstadt besonders hoch war, sondern eher aus praktischen Gründen – schließlich gab es in Würzburg ein ausreichendes Papierkontingent der amerikanischen Militärverwaltung.

Willy Fleckhaus entwickelt das Layout.

Merian wird zum Erfolg und über die Jahre und Jahrzehnte werden alle Kontinente literarisch bereist und für die deutschen Leser entdeckt. Bereits 1956 mit der 100. Ausgabe beträgt die Druckauflage über 100.000 Exemplare, und der Verlag entwickelt *Merian* immer weiter. Die journalistische Qualität des Magazins spricht sich schnell herum. Städte und Regionen, denen *Merian* eine Ausgabe widmet, fühlen sich „geadelt“ und sind stolz darauf, dass ihre Heimat in einer so renommierten Zeitschrift zur vollen Geltung kommt. Der Verlag ruht sich aber nicht auf dem Erreichten und dem Lob der Leserschaft aus, sondern entwickelt *Merian* immer weiter. So wird Anfang der 80er Jahre Willy Fleckhaus engagiert, um dem Magazin ein neues zukunftsweisendes Layout zu geben. Zeitgleich übernimmt Ferdinand Ranft als Chefredakteur das Ruder und erneuert *Merian* auch inhaltlich.

Mit dem Campingurlaub im Süden *von Gräfe und Unzer reagiert Kurt Prelinger 1961 früh auf den einsetzenden Reiseboom.*

Doch nicht nur die Ganske Verlagsgruppe mit der Marke *Merian* beschäftigt sich mit dem Thema Reisen. Bei Gräfe und Unzer erscheint 1961 ein Campingführer für Südeuropa – als ob man damals im Verlag schon geahnt hätte, wie gewaltig diese

Reiseform noch boomen wird. Bei dtv, zu dessen Gesellschaftern seit 1978 auch die Ganske Verlagsgruppe gehört, erscheinen Anfang der 80er Jahre die ersten *Merian Reiseführer.* Der schnell wachsende Markt an Reiseführern, in der Vergangenheit von Baedeker dominiert, soll nun auch von Merian bedient werden.

Die ersten Reiseführer werden bei Hoffmann & Campe verlegt.

1989 erscheinen bei Hoffmann & Campe die ersten Bände der neuen Reiseführer-Reihe *Merian Besser Reisen,* die auf 96 Seiten die Reiseziele kompakt und übersichtlich beschreiben. 1991 sorgt ein Wettbewerber für ein Raunen in der Branche: Mit *Marco Polo* erscheint der erste komplett vierfarbige Reiseführer auf dem deutschen Markt – und wird schnell zum Erfolg. Merian reagiert und bringt noch im gleichen Jahr mit der Reihe *Super Reisen!* bei Hoffmann & Campe ebenfalls eine neue und augenscheinlich „bunte“ Reiseführer-Reihe heraus. Allerdings ist nur das Cover vierfarbig, der Inhalt ist weiterhin schwarz-weiß. Die Reiseführer versprechen also etwas mehr, als sie tatsächlich leisten.

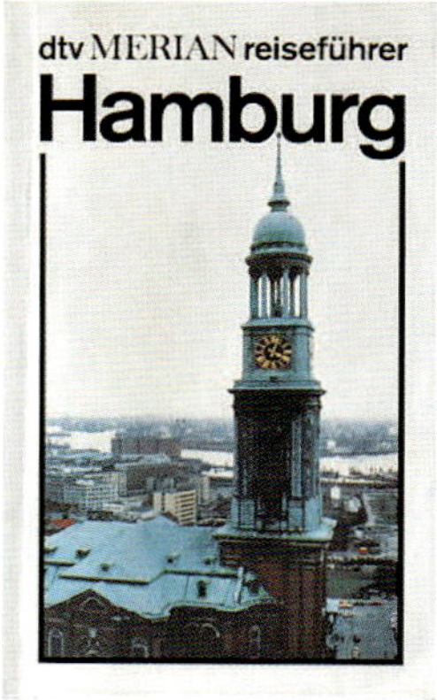

Die ersten Merian Reiseführer *erscheinen Anfang der 1980er Jahre bei dtv, zu dessen Gesellschaftern die Ganske Verlagsgruppe seit 1978 zählt. Der bis auf das Cover noch in Schwarz-Weiß-Optik gestaltete Band* Hamburg *wird von der Stiftung Buchkunst 1983 als schönstes Buch des Jahres ausgezeichnet.*

Hoffman & Campe greift die Initiative auf und startet 1989 bzw. 1991 die beiden Reiseführer-Reihen Merian Besser Reisen *und* Merian Super reisen!

1993 – 2002: GRÜNDUNG DES REISEVERLAGES

In den 80er Jahren boomt der Tourismus, immer mehr Deutsche verbringen ihren Urlaub im Ausland, immer exotischere Länder werden bereist. Die Nachfrage nach reisepraktischen Büchern steigt unaufhaltsam. In diesen Boom-Jahren entstehen gleich mehrere neue Reiseführer-Reihen und Verlage. Neben traditionsreichen Marken wie Baedeker und Polyglott etablieren sich nun auch die Individualreiseführer, die als neue Gattung die junge und abenteuerlustige Backpacker-Generation anspricht – von Reisenden für Reisende geschrieben, so lautet das Versprechen. Auch kompakte und modern gestaltete Reihen erobern den Markt. Der Innovationsdruck nimmt stetig zu, weshalb die Verlagsgruppe die Marke auch im Bereich der Reiseführer zu einer festen Größe machen möchte.

Im Jahr 1993 ist es so weit: Die Entscheidung fällt, bei Gräfe und Unzer einen eigenen Reisebuchverlag zu gründen, der mit der Marke Merian den Reiseführermarkt erobern soll. Mit *Merian live!* wird eine neue und wettbewerbsfähige Kompaktreihe eingeführt. Jetzt komplett vierfarbig, mit zahlreichen Fotos, Karten und hochwertiger Klappenbroschur erscheinen im Frühjahr die ersten 22 Bände. Neben Topstädten wie New York, Venedig oder Paris werden auch die beliebtesten Urlaubsregionen der Deutschen wie Mallorca und Gardasee in der 1. Staffel publiziert. Das Konzept von *Merian live!* klingt aus heutiger Sicht unspektakulär und wenig revolutionär, war aber damals durchaus innovativ: Sehenswürdigkeiten, Cafés, Bars & Restaurants und Shoppingadressen werden in lockerem Stil präsentiert. Die Leser müssen sich nicht seitenweise durch staubtrockene Abhandlungen mühen, sondern werden schnell über alles Wichtige informiert, sind also „live“ dabei. Ein anwenderfreundliches Farbleitsystem unterstreicht den praktischen Nutzwert der Reihe.

Die Markteinführung wird zum Erfolg, in den nächsten Jahren erscheinen zahlreiche weitere Bände, sodass *Merian live!* bald weit über 100 Destinationen im Programm führt. Bei Gräfe und Unzer sieht man die neue Ausrichtung durchaus ambivalent. Auf der einen Seite wird das Reiseprogramm jetzt mit den professionellen Strukturen des Hauses systematisch aufgebaut und über alle Handelskanäle breit distribuiert. Die Reise bietet Wachstumspotenzial, der Markt boomt und der Handel sieht das Engagement mit *Merian live!* positiv. Andererseits

Bei GU erscheinen im Frühjahr 1993 die ersten 22 Bände der Kompaktreihe Merian live!, *neben Destinationen wie New York, Paris und Neuseeland auch Mallorca.*

1993

1997

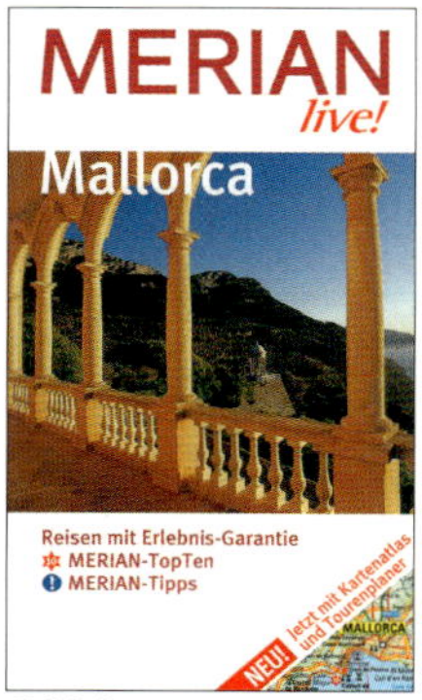

2001

2006

2010

2018

Seit 1993 wurde Merian live! *sieben Relaunches unterzogen, die stets mit neuen Innovationen bei Darreichungsform und Infotainment aufwarteten.*

befürchtet mancher, das neue Engagement in der Reise würde zu sehr vom eigentlichen Verlagsschwerpunkt, dem Ratgeber, ablenken und zur Verzettelung führen. Am Ende überwiegt die Einschätzung der Chancen und die Reise emanzipiert sich als zusätzliche Programmsäule des Verlages.

Seit dem Start 1993 hat die Reihe *Merian live!* insgesamt sieben Relaunches erlebt, die immer mit neuen Innovationen, hohen Investitionen in Programm und Marketing und umfangreicher Markt- und Leserforschung verbunden waren. So kam neben dem Kartenatlas die herausnehmbare Faltkarte hinzu, spezielle Tipps für Familien mit Kindern erweiterten das Spektrum ebenso wie Tipps zum Grünen Reisen und die besten Spots zum Fotografieren. In der Spitze zählte die Reihe ein lieferbares Programm von mehr als 160 Titeln. Hinzu kommen Sonderausgaben wie *Wo Deutschland am schönsten ist,* die sich überdurchschnittlich gut verkaufen. Die Programmarbeit wird auch mit der mehrfachen Auszeichnung zum besten kompakten Reiseführer belohnt. Von Anfang an gelingt es auch, *Merian live!* ins Ausland zu lizenzieren, etwa nach Frankreich und Spanien, im Jahr 2000 sogar nach China.

Bereits 1995 wird *Merian live!* mit der umfangreicheren Reihe *Merian XL* ein großer Bruder an die Seite gestellt. Auf 288 Seiten werden Reiseziele ausführlich und umfassend beschrieben, das bewährte live!-Prinzip bleibt erhalten. Nur drei Jahre später wird 1998 mit *Merian classic* eine weitere Reihe an den Start gebracht, die sich mit hintergründigen und ausführlichen Informationen an kulturorientierte Reisende wendet. Doch auch ein kleineres Format etabliert sich. Die *Merian Kompasse* erscheinen 2000 und vermitteln für wenig Geld in kurzweiliger und spielerischer Form Reisewissen. Neben den *Autokennzeichen in Europa* finden Titel wie *Wie lange dauert's noch?* oder *Mit dem Euro durch Europa* zahlreiche Leser und werden in vielen Auflagen gedruckt.

Kurz vor der Jahrtausendwende runden die Reihen Merian XL *und* Merian classic *das Reihenportfolio ab.*

Klein und praktisch: die Merian Kompasse *sind sehr erfolgreich.*

Der große Spiele- und Ratespaß für nicht enden wollende Autofahrten oder Wartezeiten beim Doktor Wie lange dauert's noch? *beinhaltet über 100 Spielideen für unterwegs.* Mit dem Euro durch Europa *erscheint 2002 zur Einführung des Euro. Der Kompass zeigt und erklärt sämtliche Münzen und die Bedeutung ihrer nationalen Symbole und wird über 250.000-mal verkauft.*

DIE DIGITALISIERUNG DER REISE

Auch digitale Produkte sind von Anfang an Teil der Merian-Produktfamilie. Auf der Buchmesse 1994 wird mit *Merian scout* der erste elektronische Reiseführer für Auto-Navigationsgeräte vorgestellt. Ebenfalls auf CD-ROM erhältlich sind die interaktiven Städteführer *Merian screen,* die zahlreiche POIs, Tipps und Fotos beinhalten. Um mit der dynamischen digitalen Entwicklung Schritt zu halten, wird 2000 die digitale Unit iPUBLISH gegründet, die zwischenzeitlich ebenfalls in München sitzt und die Marke Merian ins digitale Zeitalter überführen soll. Höhepunkt der Entwicklung ist der 2008 vorgestellte *Merian Scout Navigator,* der neben dem Elektrofachhandel auch in ausgewählten Buchhandlungen in einer aufwändigen Inszenierung angeboten und verkauft wird. Am Ende war der *Scout Navigator* wohl seiner Zeit voraus und zu teuer und konnte sich am Markt nicht durchsetzen. Wer allerdings heute noch im Besitz eines *Scout Navigators* ist, kann sich an einem wirklich besonderen Navigationsgerät erfreuen.

Der Merian Scout Navigator *von 2008, ein High-End-Navigationsgerät mit integriertem Reiseführer und Audio-Guide, zum stolzen Preis von 775,- € angeboten, war seiner Zeit voraus.*

2003 – 2017: THM – „DIE GANZE WELT IN EINEM HAUS“

Zehn Jahre nach Gründung des Reiseverlags bei Gräfe und Unzer und dem Start von *Merian live!* wird die Lage neu bewertet. Insgesamt haben sich die Anstrengungen gelohnt, die Reise hat sich gut entwickelt, ein umfängliches Programm ist entstanden. Was auf der einen Seite alle freut, sorgt auf der anderen Seite zum wiederholten Mal für Fragen. Wie können Ratgeber und Reise gemeinsam unter einem Dach stattfinden, ohne dass einer der Bereiche den anderen dominiert und dadurch nicht das Optimum für jedes Segment herausgeholt werden kann? In dieser Phase wird eine Idee immer konkreter: Warum nicht einen eigenständigen Reiseverlag gründen, der neben dem Merian-Programm auch andere Verlagsprogramme mit im Vertrieb hat, um ein breiteres Portfolio anbieten zu können. Zusammen mit möglichen Partnerverlagen könnte die kritische Größe für ein eigenständiges Unternehmen erreicht werden.

Ausgliederung der Reise und neue Perspektiven.

Die Idee wird Ende 2003 in die Tat umgesetzt. Die Reise wird ausgegliedert und als selbstständiger Verlag unter dem Namen Travel House Media (THM) innerhalb der Ganske Gruppe auf eigene Füße gestellt. Von Anfang an mit im Vertrieb sind die *Merian*-Hefte und die *Feinschmecker*-Bücher des Jahreszeiten Verlages. Mit dem Beginn der Geschäftstätigkeit am 01.01.2004 ist Michelin mit seinem Verlagsprogramm, bestehend aus Karten, Atlanten, Globen und den berühmten Hotel- und Restaurantführern Partner der ersten Stunde. Die *Grünen Reiseführer* von Michelin werden in Lizenz übernommen und ins Deutsche übersetzt. Anfangs noch klein und überschaubar, von manchen in der Branche auch etwas belächelt, entwickelt sich THM schnell zu einem anerkannten und zuverlässigen Partner für den Buchhandel, aber auch für Autoren und die Reisetouristik-Branche. Mit einem eigenen Vertreterteam, eigenen Redaktionen und einer eigenen Herstellung wird der Verlag schnell erwachsen und zieht weitere Partner an. Mit dem Touring Club Italiano kommt 2006 ein anerkannter Italien-Spezialist dazu, der sowohl Reiseführer als auch Karten im Programm führt. Die gute Zusammenarbeit mit Gräfe und Unzer bleibt immer bestehen, die „München-Connection“ der beiden Buchverlage nimmt auch in der Ganske Verlagsgruppe eine wichtige Rolle ein.

AUF DEM WEG ZUR NUMMER ZWEI

In eine neue Dimension stößt man 2007 vor. Vier Buchstaben sorgen dafür, dass THM über Nacht zur Nummer zwei im deutschen Reisebuchmarkt wird. Der ADAC, Deutschlands mitgliederstärkster Verein, muss den Vertrieb seiner Verlagsprogramme neu sortieren. Denn der bisherige Vertriebspartner, CartoTravel, wird kurzfristig aufgelöst und der ADAC Verlag steht mit seinem umfangreichen Programm aus Reiseführern, Karten, Atlanten und Campingführern von heute auf morgen ohne Vertrieb da. Kurzerhand bewirbt sich THM als Vertriebspartner, erstellt innerhalb weniger Wochen ein detailliertes Angebot und erhält den Zuschlag! Ab sofort übernimmt THM den Vertrieb des ADAC-Buchprogramms, im Wesentlichen Reise- und Campingführer und verdoppelt damit auf einen Schlag sein Umsatzvolumen. Dieser plötzliche enorme Zuwachs an Programm und Umsatz ist für den Verlag nur zu stemmen, indem innerhalb kürzester Zeit die Außendienstmannschaft verdoppelt wird. Mit breiter Brust präsentiert man sich auf der Frankfurter Buchmesse mit zwei Verlagsständen, einem THM- und einem ADAC-Stand.

Die Beziehung zum ADAC entwickelt sich zu einer tragenden Säule des Verlages.

Die Hinzunahme des ADAC-Programms setzt eine ungeahnte Dynamik frei. „Plötzlich" ist THM einer der wichtigsten Verlage in der Reise, besucht Buchhandlungen und ADAC-Geschäftsstellen in Deutschland, Österreich und der Schweiz mit über 14 Verlagsvertretern, gewinnt große Aufmerksamkeit und auch Sympathie. Mit den beiden Hauptreihen *ADAC Reiseführer* („Die Blauen") und *ADAC Reiseführer plus* („Die Gelben") stehen zwei, mit jeweils über 100 lieferbaren Titeln, umfangreiche Reihen zur Verfügung, die im Handel breit distribuiert werden. Die jährlich erscheinenden *ADAC Camping- und Stellplatzführer* sind mit Verkaufsmengen jenseits der 40.000 Exemplare je Band absolute Bestseller im Programm. Was zunächst als Vertriebskooperation beginnt, wird schon bald zu einer tiefgreifenden Markenkooperation. Im Jahr 2013 übernimmt THM die Markenlizenz für das ADAC-Reiseführerprogramm und ist somit eigenverantwortlich verlegerisch tätig. Die Reiseführer tragen ab sofort das Impressum von THM. Und 2019 kommt die Markenlizenzierung auch für das Campingführerprogramm zum Tragen, nachdem sich THM in einem spannenden Auswahlverfahren gegen Wettbewerber durchsetzen konnte. Im eigenen Haus wird im Laufe der Jahre eine eigenständige ADAC-Redaktion aufgebaut, die in enger Abstimmung mit dem ADAC das Verlagsprogramm stetig weiterentwickelt.

In Folge der dynamischen Entwicklung stoßen ab 2008 schnell weitere renommierte Verlage als Vertriebspartner hinzu. Mit dem in

Italien beheimateten Verlag White Star wird das Portfolio ab 2008 um hochwertige Bildbände ergänzt. Mit Michael Müller gelingt es 2010, einen der wichtigsten Reiseverlage für THM zu gewinnen. Der Michael Müller Verlag, Buchhändlers Liebling, wird mit seinem authentischen und sehr gut recherchierten Individualreiseführer-Programm überall hochgeschätzt. Das Umsatzvolumen steigt weiter sprunghaft an. Auch der Bergverlag Rother, der 2011 hinzustößt, kann als Marktführer im Bereich Wanderführer auf eine enorme Markenbekanntheit und Wertschätzung verweisen. In ähnlicher Weise gilt das auch für Bikemedia (früher BVA), die mit ihrem Karten- und Buchprogramm für Radfahrer zu den Marktführern zählen und 2013 hinzukommen. Ebenfalls 2013 kommt der niederländische Verlag MoMedia in die Vertriebstaschen der Vertreter.

Renommierte Verlage als Vertriebspartner.

Mit dem Trescher Verlag stößt 2015 noch ein spezialisierter Reiseführerverlag hinzu, der die noch unbekannteren Länder Osteuropas und Asiens im Programm hat und ebenfalls für top-recherchierte Inhalte steht. Dank dieser renommierten Partnerverlage wird das Versprechen von THM, welches sich im Marketing-Claim des Hauses wiederfindet, Wirklichkeit: „Die ganze Welt in einem Haus“, nach diesem Motto bietet der Verlag nun ein umfassendes Portfolio an hochqualitativen Reiseverlagen, die, jeder für sich genommen, die Freude am Reisen und Entdecken aufs Beste widerspiegeln. Und THM zeigt sich als junges, dynamisches Unternehmen mit viel Start-up-Mentalität. Die 30–35 Mitarbeiter sind eine eingeschworene Gruppe, dank flacher Hierarchien werden Entscheidungen schnell und pragmatisch getroffen.

Merian aktiv Pfälzerwald *von 2010.*

Doch nicht nur die Partnerverlage und der unternehmerische Spirit tragen zum Erfolg bei, auch im Bereich der Eigenmarken gibt es viele Programmneuheiten und Entwicklungen, etwa die neue Reihe *Merian aktiv,* die sich den deutschen Regionen widmet und zahlreiche Freizeitaktivitäten von Wandertouren bis hin zu Kanufahrten empfiehlt. Um die Angebotslücke zu den hochpreisigen Reiseführern zu schließen, erscheinen im Jahr 2007 die hochwertigen *Merian Reiseführer*, die mit großem Aufwand im Buchhandel eingeführt und dem Vertreterteam auf besondere Weise schmackhaft gemacht werden. Zunächst in einer silberfarbenen Ausstattung geplant, erscheinen die Titel am Ende in strahlendem Weiß. Um zu beweisen, dass Weiß die neue Trendfarbe ist, werden zur Tagung Fotos eines weißlackierten Porsches als Beleg präsentiert. Und in der Tat, zumindest in der Autobranche setzt sich Weiß als Farbe dauerhaft durch. Im Buchhandel wird die Reihe mittels einer aufwändigen Wanderausstellung inszeniert. Zu jeder Destination gibt es ein plakatives und typisches Produkt, das museumsreif in einer Vitrine aus Holz und Plexiglas zur Schau gestellt wird. Für *Wien* steht beispielsweise die Original Sachertorte Pate, für *Berlin* wurden Originalstücke der Berliner Mauer besorgt. Fünf solcher Ausstellungs-Sets mit je zwölf Säulen gehen das ganze Jahr auf Wanderschaft und werden in über 100 Buchhandlungen zusammen mit den Reiseführern präsentiert. Eine außergewöhnliche und vielbeachtete Marketing-Aktion.

Die neue hochpreisige Premium-Reihe von 2007 zum LP von 24,95 € nennt sich zurückhaltend einfach Merian Reiseführer.

Apropos, der Verlag glänzt immer wieder mit einfallsreichen und verkaufsstarken POS-Maßnahmen, die im Buchhandel und beim Endkunden auf große Begeisterung stoßen. Gewinnspiel-Kooperationen mit Olympus, Aida und der Deutschen Bahn sind ebenso beliebt wie Dekos bestehend aus echten Strandkörben, Olivenbäumen, Balkonstühlen, einem Miniatur-Eiswagen oder Picknick-Körben bis hin zu Buchhändler-Reisen nach Amsterdam und Lissabon. Ebenfalls vom Sortiment gut verkauft wird die ab 2012 erscheinende Reihe *Merian Porträts* – ein Konzept, bei dem die Reiseziele in hochwertiger bibliophiler Ausstattung anhand der Biografien herausragender Persönlichkeiten, die die Stadt geprägt haben, beschrieben werden.

Ein weiterer Meilenstein ist 2011 die Übernahme der Markenlizenz von Polyglott. Die *Polyglott Reiseführer* wurden zuvor bei Langenscheidt herausgebracht. THM wird auch hier als Verleger tätig und vergrößert mit der traditionsreichen Marke Polyglott das Verlags-Portfolio um weitere bekannte Reihen: Im Kompaktbereich wird die auf Touren basierende Reihe *Polyglott on tour* weitergeführt und ausgebaut, im höherpreisigen Bereich stehen mit den *Apa Guides* detailreiche Reiseführer zu weltweiten Zielen zur Verfügung.

2014 wird die Entscheidung getroffen, die sich im Dornröschenschlaf befindliche eigene Marke Holiday zu reaktivieren und damit ein Programm für Reiseinspirationsbücher und Bildbände aufzubauen. Im Nachhinein soll sich diese Entscheidung als Glücksgriff herausstellen, denn unter Holiday erscheinen im Laufe der Jahre einige sehr erfolgreiche Einzeltitel wie *Die schönsten Wochenendtrips, Einfach losfahren, Yes we Camp!* und zuletzt der Bestseller *Hiergeblieben!* Und es gelingt, neben den eher sachorientierten und „nüchternen" Reiseführern mit emotionalen und inspirierenden Büchern ein zweites Standbein im Reiseprogramm zu etablieren. Doch auch bei Merian erscheint der ein oder andere speziellere, aber nicht weniger erfolgreiche Titel wie *Urlaub im Kloster, Nobelmarken zu Schnäppchenpreisen,* die *Reise-Wellness-Box* mit Entspannungs-Musik oder das *Erfolgsprogramm für entspanntes Fliegen.*

Heute werden mit Merian, Polyglott, der ADAC-Markenlizenz und Holiday vier Eigenmarken redaktionell entwickelt und eigenverantwortlich bewirtschaftet. Eine wichtige Rolle spielt dabei eine klare und verständliche Markenpositionierung. Während bei Merian das genussvolle Erleben im Vordergrund steht, verkörpert Polyglott Abenteuerlust und Entdeckergeist, ADAC steht für Verlässlichkeit und Sicherheit und Holiday für Unbeschwertheit und Ideenreichtum.

Die bibliophil ausgestatteten Merian Porträts *schildern Metropolen aus der Sicht berühmter Persönlichkeiten, die diese geprägt haben.*

Reiseinspirationsbücher bilden den Programmschwerpunkt der Eigenmarke Holiday, die ab 2014 mit Titeln wie Yes we Camp *und* Hiergeblieben! *erfolgreiche Akzente setzt.*

2006

2009

Nach der Übernahme der Reisemarke Polyglott von Langenscheidt im Jahre 2011 wird die Kompaktreihe Polyglott on tour *von THM weitergeführt.*

2015

2018

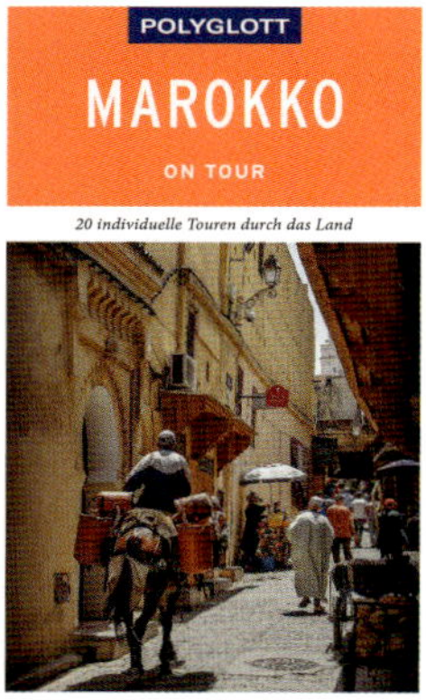

2019

Seit 2013 verantwortet THM die ADAC-Reiseführer *eigenverlegerisch, hier die aktuellen Ausgaben von* Gardasee.

2018 – 2022: AUF IN EIN NEUES ZEITALTER

Handel ist Wandel, diese zugegebenermaßen etwas abgegriffene Erkenntnis trifft auch auf die Verlags- und Buchhandelslandschaft zu. Im Zuge der neuen Herausforderungen durch die Digitalisierung und den zunehmenden Online-Handel veränderte sich in den letzten 10 Jahren auch die Handelslandschaft entscheidend. Übernahmen, Konsolidierungen und Geschäftsaufgaben prägen das Bild. Auch wenn der inhabergeführte Buchhandel weiterhin eine wichtige und verlässliche Kundengruppe ist, führt die Konzentrationsbewegung im Handel dazu, dass größere Kunden immer größer werden und ihre Umsatzanteile ausbauen. In der Ganske Verlagsgruppe wird deshalb schon früh überlegt, wie die Buchverlage zukunftsweisend aufgestellt werden können. Eine Erkenntnis setzt sich schnell durch: Stärken sollen gestärkt werden, Synergien noch besser genutzt und die Zusammenarbeit mit dem Handel hochprofessionell, aber auch effizient weiterentwickelt werden. Die naheliegende Entscheidung wird 2017 getroffen. Die beiden Münchener Buchverlage Gräfe und Unzer und THM sollen zusammengeführt werden.

Das große Projekt wird in die Tat umgesetzt und ab 2018 sind Ratgeber und Reise wieder, wie Jahre zuvor, unter einem Dach vereint. Und es zeigt sich, dass nicht nur zwei Warengruppen wieder zueinander finden müssen, sondern auch zwei Unternehmenskulturen. Zum einen ist da der große Marktführer GU mit jahrzehntelanger Erfahrung, durchstrukturierten Prozessen und perfekter Organisation. Zum anderen das noch junge THM, bei dem das schnelle Wachstum der letzten Jahre und die Kooperation mit vielen sehr individuellen Partnerverlagen mit gesundem Pragmatismus, persönlichem Miteinander und einer Portion Unbekümmertheit bewerkstelligt wurde. Die beiden Kulturen beäugen sich mitunter etwas misstrauisch, am Ende aber finden sie schnell zueinander. Heute ist die Integration längst Vergangenheit und beide Seiten haben voneinander viel gelernt. Auch wenn der Verlag heute „nur“ den Ratgeber-Firmenmarkennamen Gräfe und Unzer trägt, ist aus beiden Warengruppen nach innen und außen eine starke neue Einheit geworden, in der sowohl der Ratgeber als auch die Reise ihren Platz haben. Davon kündet auch die intensiv erarbeitete neue Reisestrategie, die ab 2018 mit einer Reihe von Relaunches startet, welche zum Ziel haben, die Reise-Marken im Marktwettbewerb noch klarer zu positionieren und erfolgreicher zu machen.

Ratgeber und Reise seit 2018 unter einem Dach.

Nachfrageeinbruch und Neuorientierung.

Dann hat die Corona-Krise ab März 2020 die Neuausrichtung dramatisch verlangsamt und teilweise zu einem kompletten Stillstand der Programmentwicklung bei den Reiseführern geführt. Während die klassischen Reiseführer aller Verlage einen massiven Nachfrageeinbruch erleiden mussten, konnten sich insbesondere die auf Deutschland fokussierten Aktiv- und Freizeitprogramme sehr gut behaupten. Und zum Glück hatte man bei Gräfe und Unzer bereits vor Corona im Zuge der neuen Reisestrategie beschlossen, neben Reiseführern auch verstärkt auf Reiseerzählungen, Bildbände und Inspirationsbücher zu setzen. Dank der starken Marktposition mit ADAC und seiner neuen Campingmarke PiNCAMP kann im Bereich der Campingbücher, einem rasant wachsenden Marktsegment, innerhalb kurzer Zeit ein umfangreiches Zusatzprogramm auf die Beine gestellt werden.

Mitten in der Corona-Zeit bringt der Verlag für alle Camping-Begeisterten den Titel Camping an Seen und Flüssen *heraus. Auf Anhieb ein großer Erfolg.*

Die Reihe Einfach losfahren, *vom inhaltlichen Konzept her ebenfalls auf die Corona-Krise einzahlend, trägt zum Erfolg des Unternehmens bei.*

Trotz der Krise gelingt es außerdem im Sommer 2020 mit dem österreichischen Unternehmen Freytag & Berndt einen weiteren Top-Verlag für eine Vertriebspartnerschaft zu gewinnen. Das regional ausgerichtete Wander- und Radkarten-Programm unter den Marken Freytag & Berndt und PublicPress passt ideal zur gestiegenen Nachfrage nach Urlaubserlebnissen vor der eigenen Haustür.

Quo vadis Reisebuchmarkt?

Die Frage, wie es nach Corona mit dem Tourismus weitergeht ist sicherlich noch nicht abschließend beantwortet. Aber dass die Reise auch in Zukunft ein wichtiger Teil von Gräfe und Unzer sein wird, ist sicher. Mit viel Kreativität, Ideenreichtum und Optimismus hat sich der Verlag zum Ziel gesetzt, auch in Zukunft ein interessantes und abwechslungsreiches Programm an Reiseliteratur zu publizieren, welches zum Entdecken, Staunen und Begeistern einlädt. Frei nach dem alten Merian-Motto „Die Lust am Reisen“.

2021 publiziert der Extremsportler Jonas Deichmann mit Das Limit bin nur ich *bei Polyglott einen Bestseller. Im Jahr 2022 folgt der dazugehörige Bildband.*

EIGENTÜMER UND GESCHÄFTSFÜHRER VON GRÄFE UND UNZER

1722 – 1746	**Christoph Gottfried Eckart** (1693–1750) eröffnet 1722 Sortiment und Verlag
1746 – 1756	**Johann Heinrich Hartung** (1699–1756) setzt Sortiment und Verlag fort, führt seine Druckerei weiter
1756 – 1774	**Hanna Hartung,** geb. Zobel (†1791) mit ihren Geschäftsführern:
	1756–1759: Michael Christian Hartung (1738–1759)
	1759–1759: Gebhard Ludwig Woltersdorf (†1759)
	1759–1766: Johann Daniel Zeise (†1766)
	1766–1774: Gottlieb Leberecht Hartung (1747–1797)
1774 – 1797	**Gottlieb Leberecht Hartung** setzt Sortiment, Verlag und Druckerei fort. Zeitungsverlag und Druckerei ab 1798 außerhalb der Traditionslinie → *1. Trennung der Geschäftszweige*

Außerhalb der Traditionslinie:

1760 – 1781	**Johann Jakob Kanter** (1738–1786), Buchhandel, Verlag, Papiermühle etc. Geschäftsräume und einzelne Buchbestände werden 1787 von Gottlieb Leberecht Hartung übernommen

1798 – 1808	**Johann Philipp Goebbels** (ca. 1759–1816) und **August Wilhelm Unzer** (1770–1847) übernehmen Sortiment von Hartung, Geschäftsräume von Kanter, gründen Verlag Das Geschäft firmiert unter Goebbels und Unzer
1808 – 1831	**August Wilhelm Unzer** setzt Sortiment und Verlag unter Aug. Wilh. Unzer fort
1832 – 1847	**August Wilhelm Unzer** setzt Verlag Aug. Wilh. Unzer fort → *2. Trennung der Geschäftszweige*

1832 – 1847	**Heinrich Eduard Gräfe** (1799–1867) und **Johann Otto Unzer** (ca. 1801–1871) setzen Sortiment fort, firmieren als Gräfe und Unzer und gründen Verlag
1848 – 1867	**Heinrich Eduard Gräfe** setzt Sortiment und Verlag Gräfe und Unzer fort
1848 – 1871	**Johann Otto Unzer** setzt Verlag Aug. Wilh. Unzer fort
1866 – 1878	**Heinrich Wilhelm Gräfe** (1828–1887) gründet Verlag H. W. Gräfe
1867 – 1878	**Heinrich Wilhelm Gräfe** setzt Sortiment und Verlag Gräfe und Unzer fort
1871 – 1878	**Heinrich Wilhelm Gräfe** setzt Verlag Aug. Wilh. Unzer fort
1878 – 1887	**Heinrich Wilhelm Gräfe** vereinigt Verlage Gräfe & Unzer, H. W. Gräfe und A. W. Unzer unter der Firma H. W. Gräfe → *3. Trennung der Geschäftszweige*

1887	**Verlag H. W. Gräfe** geht an Lucas Gräfe außerhalb der Traditionslinie
1878–1891	**Richard Dreher** (1852–1920) und **Botho Stürtz** (1844–1891) setzen Sortiment fort und gründen Verlag
1891–1893	**Richard Dreher** setzt Sortiment und Verlag fort
1893–1911	**Richard Dreher** setzt Gräfe & Unzer's Verlag fort → *4. Trennung der Geschäftszweige*
1893–1896	**Hugo Pollakowsky** (1867–1928) und Franz Lipp (†1910) setzen Sortiment fort
1896–1901	**Hugo Pollakowsky** setzt Sortiment fort

1902–1926	**Hugo Pollakowsky** und **Otto Paetsch** (1878–1927) setzen Sortiment fort
1912–1926	**Hugo Pollakowsky** und **Otto Paetsch** setzen Sortiment und Verlag fort
1927	**Otto Paetsch** setzt Sortiment und Verlag fort
1928–1945	**Bernhard Koch** (1900–1970) setzt Sortiment und Verlag fort

1946–1950	**Bernhard Koch** erwirbt mit Rudolf Stosberg Sortiment Elwert'sche Universitätsbuchhandlung Marburg/L. und führt sie als Elwert-Gräfe und Unzer Universitäts- und Verlagsbuchhandlung fort
1947–1950	**Bernhard Koch** gründet mit Rudolf Stosberg Verlag Elwert-Gräfe und Unzer
1950	**Bernhard Koch** verkauft Sortiment an Elwert außerhalb der Traditionslinie
1950–1970	**Bernhard Koch** kauft die Buchhandlung Wenzel in Garmisch-Partenkirchen und setzt sie als Gräfe und Unzer fort
1950–1960	**Bernhard Koch** setzt Verlag Gräfe und Unzer fort, zunächst in Bad Wiessee, ab 1956 in München

1961–1970	**Bernhard Koch** und Kurt Prelinger (*1931) setzen Verlag und Buchhandlung fort
1970	**Kurt Prelinger** setzt Verlag und Buchhandlung fort
1975	**Kurt Prelinger** setzt Verlag fort und verkauft Buchhandlung → *5. Trennung der Geschäftszweige*

1990	**Thomas Ganske** (*1947) erwirbt Verlag

Minderheitsgesellschafter und Geschäftsführer nach 1990 sind nicht aufgeführt

NACHWORT UND DANKSAGUNG

Als Thomas Ganske im Herbst 2020 den Anstoß gab, eine Jubiläumschronik anlässlich des 300. Geburtstages des Gräfe und Unzer Verlages im Jahr 2022 zu publizieren, stieß er auf offene Ohren im Verlag. Dort war das Bewusstsein für die geschichtsträchtige Vergangenheit der Firma schon immer ausgeprägt, allerdings fehlten der entscheidende Ansporn und der konzeptionelle Angang für eine Firmengeschichte. Aus den ersten Gesprächen mit dem Eigentümer kristallisierte sich schnell heraus, dass eine dreibändige Chronik dem Anlass angemessen wäre, deren erste beide Bände einen konzisen Überblick über die Geschichte des Unternehmens bieten sollten, während der dritte Band der möglichst vollständigen Bibliographie gewidmet werden würde.

Konsens war auch schnell bei der Konzeption der ersten beiden Bände erzielt. Der erste Band sollte einen seriösen, wissenschaftlich orientierten Blick auf die ersten 230 Jahre der Sortiments- und Verlagsgeschichte von Gräfe und Unzer werfen, einem Unternehmen, dessen Domäne bis zum Ende des Zweiten Weltkrieges nicht das Verlags-, sondern das Buchhandelsgeschäft war. Diese Hegemonie drehte sich ab den 1950er Jahren zugunsten des Verlages, was dann schließlich 1975 zur endgültigen Trennung von Sortiment und Verlag führte. Dessen Geschichte zum Ratgeberverlag wiederum sollte vollständig dem zweiten Band vorbehalten sein, der durch den hohen Bildanteil – genrebedingt gewissermaßen – auch in der formalen Anlage vom ersten Band würde abweichen müssen. Als Medienformat für den dritten Band wurde das E-Book beschlossen.

Aufgabe war, einen versierten Verlagshistoriker und ausgewiesenen Experten für den ersten Band zu finden, was im Engagement von Dr. Michael Knoche schließlich gelang. Bedingung von Herrn Knoche war, eine unabhängige Darstellung abzuliefern, die nicht der Einflussnahme seitens der Auftraggeber ausgesetzt war oder sich als Gefälligkeitsschrift ausnahm. Rasch erwies sich, dass mit Herrn Knoche ein exzellenter Autor gefunden worden war, der auch bei der Zusammenstellung der Bibliographie unschätzbare Hilfestellung leistete. Für seine gesättigte Dokumentation hat Herr Knoche viele Recherchereisen unternommen und dabei eine Vielzahl neuer Quellen gefunden, die vorangegangenen Chronisten entgangen waren.

Mit dem zweiten Band beauftragte Herr Ganske als Hauptautoren den Herausgeber, der mit dem Verlag in den letzten 20 Jahren in den

Funktionen als Geschäftsführer und Vorstand eng verbunden gewesen ist. Dabei lag die Überzeugung zugrunde, dass die aus dem Blickwinkel der Konsumforschung und Literatursoziologie besondere Entwicklung des Unternehmens zum Markenartikler nur durch einen langjährigen Mitarbeiter geleistet werden konnte, der die Spezifika dieser Domäne kannte. Insofern mag dieser Autor des zweiten Bandes, der dem Ratgeberverlag gewidmet ist, sich zwar dem Soupçon ausgesetzt sehen, nicht die gebotene Unabhängigkeit und den erforderlichen Abstand für eine seriöse Darstellung aufzubringen. Er hat sich aber nach besten Kräften dafür eingesetzt, keine „Jubelschrift“ oder Hofgeschichtsschreibung, die so vielen Firmenfestschriften eignen, abzuliefern, sondern bei der Schilderung einen neutralen Standpunkt einzunehmen, der mit dem Duktus des ersten Bandes konform geht.

Beiden Autoren wäre ihre Arbeit massiv erschwert gewesen, wenn sie nicht auf die jahrelangen Vorarbeiten und den unermüdlich historisch geschulten Blick Herrn Jan Wiesemanns, des Vertriebsleiters Ratgeber bei Gräfe und Unzer, hätten zurückgreifen können. Herr Wiesemann verkörpert die historische Instanz im Verlag, er hat mit großem Einsatz in über 20 Jahren wichtige Dokumente und Archivalien zusammengetragen, die heute im Königsberger Kabinett, dem „Gedächtnisraum“ des Hauses, ausgestellt sind. Außerdem unterweist er im Rahmen von internen Fortbildungsprogrammen regelmäßig neue Mitarbeiter in die Tradition des Unternehmens. Ohne seine Leistung wäre die Chronik kaum zustande gekommen, schlussendlich hat er auch die Beiträge zu Vertrieb und Marketing im zweiten Band beigesteuert.

Mein besonderer Dank gilt außerdem Herrn Hartwig Schneider, dem langjährigen Geschäftsführer vom BLV Verlag, der die Prosaminiatur zur Geschichte dieses Verlages beigesteuert hat. Außerdem Frau Jördis Schmid-Meil, der Metadatenmanagerin von GuU, für den Beitrag „E-Commerce und Digitalisierung“. Dann schulde ich großen Dank dem Vertriebsgeschäftsführer von GuU, Herrn Joachim Rau, für seine Darstellung der Historie der Reisesektion im Kontext von Travel House Media. Schließlich möchte ich Mendy Willerich und Stephanie Wenzel danken, die die Realisierung der Chronik als Produktionerin und Redakteurin mit großem Engagement und Sachverstand begleitet haben.

Georg Kessler

ANMERKUNGEN

[1] Forstreuter (1932), S. 74.

[2] Ebda, S. 121.

[3] Die Rede ist von Heiner Hugendubel, „der 1979 das erste große Buchkaufhaus mit Selbstbedienung und Schmökerecken im Zentrum der Stadt München eröffnet hatte und über Bayern hinaus expandierte." Zit. n.: Reinhard Wittmann, Geschichte des deutschen Buchhandels, München 2019, S. 465f. Die vermeintliche Erfindung von Leseinseln oder der völlig ungehinderte Zugang zum Buch, der den Buchhandel nachhaltig verändert haben soll, zählt bis heute zu den populären Branchenirrtümern. Diese „Erfindung" wurde von Kurt Prelinger mit einem Augenzwickern aufgrund der partnerschaftlichen Geschäftsbeziehung beider Unternehmen in den 1970er und 1980er Jahren nicht richtiggestellt. Quelle: Kurt Prelinger im Interview mit dem Autor am 27. Mai 2021.

[4] Hofstötter in einem Brief an Koch vom 23. Juni 1943, in dem er auf ein Schreiben Kochs reagiert, der die Berichtslinie einfordert und Hofstötters Handlungsspielraum zu beschneiden versucht. Der barsche Ton kommt einer Gängelei gleich.

[5] Koch in der Ankündigung der Geschäftsaufnahme im Juni 1950.

[6] Gräfe und Unzer schreibt Geschichte (1997), S. 96.

[7] Prelinger in: Gräfe und Unzer schreibt Geschichte (1997), S. 14f.

[8] Eine Zeitlang hatte Prelinger damit geliebäugelt, nach Brasilien auszuwandern, entschied sich dann aber für das Engagement beim Österreichischen Bundesverlag.

[9] Kurt Prelinger im Interview mit dem Autor am 15. Dezember 2021.

[10] Prelinger in: Gräfe und Unzer schreibt Geschichte (1997), S. 98.

[11] Kurt Prelinger im Interview mit dem Autor am 9. Dezember 2020.

[12] Vgl. dazu auch den bereits zitierten Brief Hofstötters an Koch vom 23. Juni 1943, in dem er das Managementverhalten Kochs thematisiert. In diesem Brief erwähnt Hofstötter auch explizit das Ausscheiden Otto Dikreiters, dessen Eigeninitiative und Vorstellungen zur künftigen Ausrichtung des Verlages Koch offenbar ein Dorn im Auge waren, die schließlich zur Trennung führten.

[13] Kurt Prelinger im Interview mit dem Autor am 27. Mai 2021.

[14] Kurt Prelinger im Interview mit dem Autor am 9. Dezember 2020.

[15] Dieter Banzhaf, „Das machen nur Besessene", in: *BuchMarkt* 3/97, S. 74.

[16] Kurt Prelinger im Interview mit dem Autor an 27. Mai 2021.

[17] Prelinger in: 250 Jahre Gräfe und Unzer (1972), Grußwort.

[18] Ders. in: Begleitschreiben zur Jubiläumsschrift.

[19] Dieter Banzhaf, in: *BuchMarkt* 3/97, S. 71.

[20] Es würde der Mühe verlohnen, diese verlegerische Haltung Prelingers auf der Folie der Konsumforschung zu entziffern und sie in den Kontext der oft geführten Klage der Kommerzialisierung des Buchmarkts zu stellen, „(…) denn damit (könnte) auch das alte ideologische Ghetto, in dem sich viele Darstellungen (von Firmengeschichten, die das kulturelle Sendungsbewusstsein der Verleger preisen, d. Verf.) mehr oder weniger bewegen, der Antagonismus von ‚Kunst und Kommerz' als zwei sich gegenseitig behindernde Blöcke, verlassen werden. (Damit könnten) der Blick von der reinen Programmgeschichte weggelenkt (werden) und die Inhalte der Produkte in den Vordergrund treten (…) Der Verleger muss versuchen, die Reaktionen der Kunden, die er nicht kennt, richtig einzuschätzen und ihre Zweifel am Wert des Produktes auszuräumen." Zit. n.: Monika Estermann (2007), S. 223.

[21] Hans-Jürgen Schmitt, Zentraleinkauf Bücher, Kaufhof AG, Köln, in.: *BuchMarkt* 5/89, S. 10.

[22] Dieter Banzhaf am 25. Januar 1991 in seiner Abschiedsrede auf Kurt Prelinger in der Osteria Italiana, München.

[23] Gisela Leismüller übergab die Buchhandlung 1997 an ihren Sohn. Rückblickend verleiht sie Kurt Prelinger das Prädikat: „ein fantastischer Geschäftsmann": Gisela Leismüller im Interview mit dem Autor am 20.07.21 in Garmisch-Partenkirchen.

[24] Vgl. etwa Editorial Novitätenverzeichnis Frühjahr 1974, S. 2.

[25] Novitätenverzeichnis Herbst 1976, S. 8.

[26] Novitätenverzeichnis Herbst 1976, S. 8.

[27] Gräfe und Unzer schreibt Geschichte (1997), S. 40.

[28] Banzhaf, ebda.

[29] Leitbild Gräfe und Unzer (1987), S. 2.

[30] Manfred Denneler vom Bücherbund hatte die Idee Prelinger angetragen.

[31] Zwei Standorte befanden sich in der Isabellastrasse (32 und 33), zwei weitere in der Schleißheimer Straße und der Georgenstraße.

[32] Der Corporate Design-Leitfaden zur GU-Markenkommunikation (1999), Vorwort.

[33] Quelle: GFK Media*Scope Buch, Handelspanel 2007, o.S. Die GFK hat die €-Werte in der Rückprojektion auf die DM-Werte angewendet.

[34] Markenhandbuch der Ganske Verlagsgruppe (2001), S. 5.

[35] So der Wortlaut der Handelskommunikation.

[36] Markenhandbuch der Verlagsgruppe (2001), S. 7.

[37] Den kartographischen Teil des Hallwag-Verlages erwirbt Mairs Geographischer Verlag in Stuttgart, die Druckerei geht an die Benteli AG in der Schweiz.

[38] Das Content Manual wurde nach der *Corporate Language Methode* von REINSCLASSEN, Agentur für Sprache, erstellt.

[39] Vgl. dazu: Kessler (2011/2012).

[40] Heimerdinger (2008), S.106.

[41] Ebda.

[42] Weise (2012): S. 150.

[43] Vgl. dazu: Dieter Banzhaf: „Das machen nur Besessene", in: *BuchMarkt* 3/97, S. 78.

[44] Vgl. dazu: Oels/Schikowski (2012).

[45] Die Substitutionskurve orientierte sich hierbei an der disruptiven Wirkung der Digitalisierung auf dem Buchmarkt, vor allem mit Blick auf juristische Fach- und Lexikonverlage, deren Marktanteile bei Print dramatisch nach unten wies und schließlich viele Wörterbuch- und Lexikonverlage zur Geschäftsaufgabe zwang. Die prominentesten Vertreter waren bekanntlich der Brockhaus Verlag und die Verlagsgruppe Langenscheidt.

[46] Wittmann (2019), S. 468.

[47] Vgl. dazu etwa die Studie Listen & Read von Bookwire aus dem Jahre 2020, in der jeweils über die Hälfte der Nutzer von E-Books (56 %), Audiobooks (57 %) und Podcasts (51 %) angaben, durch das von ihnen genutzte Medium auch Lust auf andere Formate bekommen zu haben.

[48] BISAC (Book Industry Standards and Communications) ist ein standardisiertes Kategorie- und Genresystem für Bücher.

[49] Hippel in einem Brief an Scheffner vom 7. September 1768. Zit. n: Dreher (1896), S. 184.

[50] Dreher wird im *Archiv für Geschichte des Buchhandels* zu ihm vermerken: „Der Adler blieb unter den wechselnden Besitzern und trotz des mehrfachen Umbaus des Hauses an seinem alten Platze, bis er beim Umzug der Gräfe & Unzer'schen Buchhandlung im Herbst 1866 nach der Junkerstrasse Nr. 17 in die Rumpelkammer kam, wo er zur Beute der Würmer bestimmt schien. Erst die späteren Besitzer der Buchhandlung, Dreher und Stürtz (…) erlösten ihn von dort, ließen ihn renoviren und brachten ihn zu seinen alten Ehren. So prangt er seit 1884 wieder als Wahrzeichen über dem Geschäftslokal neben dem Firmenschilde. Daß Kanter gerade einen Adler wählte, ist wohl darauf zurückzuführen, daß ein solcher für königlich privilegierte Geschäfte damals üblich war; die ersten Jahrgänge seiner Zeitung tragen genau denselben Adler mit Lorbeerkranz und Posaune, jedoch ohne das aufgeschlagene Buch in den Klauen. Auch mag der Patriotismus ihn dabei getrieben haben, den preußischen Adler wieder zur Geltung zu bringen, nachdem die Russen denselben jahrelang strengstens verboten hatten." Zit. n.: Dreher (1896), S. 214f.

[51] Was viele, vor allem osteuropäische Lizenznehmer, nicht davon abhielt, genau dieses zu tun.

[52] F.A.Z. vom 07.02.2002.

[53] Darunter 3 goldene Federn, 33 Gold- und 29 Silbermedaillen.

[54] Die Haller'sche Buchdruckerei gehörte der Familie des Universalgelehrten und Dichters Albrecht von Haller (1708-1777). Zur Geschichte des Verlages vgl. auch: Knuchel/Lüönd (2012).

[55] Ebda, S. 67.

LITERATURVERZEICHNIS

Der Corporate Design-Leitfaden zur GU-Markenkommunikation (1999). München: Gräfe und Unzer.

Dreher, Carl Richard (1896): Der Buchhandel und die Buchhändler zu Königsberg in Preußen im 18. Jahrhundert. Hrsg. von der Historischen Commission des Börsenvereins der Deutschen Buchhändler. In: Archiv für Geschichte des Deutschen Buchhandels 18, S. 149–219.

Estermann, Monika (2007): Neuere Verlagsgeschichten. In: *Archiv für Geschichte des Buchwesens.* 61, S. 216–224.

Forstreuter, Kurt (1932): Gräfe und Unzer. Zwei Jahrhunderte Königsberger Buchhandel. Königsberg i. Pr.: Gräfe und Unzer.

Gräfe und Unzer schreibt Geschichte 1722–1997 (1997). München: Gräfe und Unzer.

Heimerdinger, Timo (2008): Der Gelebte Konjunktiv. Zur Pragmatik von Ratgeberliteratur in alltagskultureller Perspektive. In: Hahnemann, Andy/Oels, David (Hrsg.): Sachbuch und populäres Wissen im 20. Jahrhundert. Frankfurt: Peter Lang.

Kessler, Georg (2011/2012): Marke ist geistige Energie. In: Deichsel, Alexander/Schmidt, Manfred (Hrsg.): Jahrbuch der Markentechnik 2011/2012. Markenmobilisierung – Markenwelt – Markenforschung – Horizonte. Wiesbaden: Gabler.

Kessler, Georg (2013): Der Buchverlag als Marke. Typik und Herausforderungen des markengeprägten Publizierens am Beispiel der Ratgeberliteratur Deutschlands. Wiesbaden: Harrassowitz.

Knuchel, Herbert/Lüönd, Karl (2012): 100 Jahre Hallwag 1912–2012. Die kurvenreiche Fahrt. Schönbühl-Bern.

Leitbild Gräfe und Unzer (1987). München: Gräfe und Unzer.

Listen & Read: The Battle for Attention (2020). Frankfurt: Bookwire.

Markenhandbuch der Ganske Verlagsgruppe (2001). Hamburg: Ganske Verlagsgruppe.

Menz, Gerhard (1922): Zum zweihundertjährigen Geschäfts-Jubiläum der Buchhandlung Gräfe und Unzer, Königsberg i. Pr. 1722–20. Juli 1922. Königsberg i. P.: Hartung.

Oels, David/Schikowski, Michael (Hrsg.) (2012): Non Fiktion. Arsenal der anderen Gattungen. Heft 1/2. Hannover: Wehrhahn.

Prelinger, Kurt/Schondorff, Joachim (1972): 250 Jahre Gräfe und Unzer. München: Gräfe und Unzer.

Weise, Tamara (2012): Erfolg macht erfolgreich. In: Oels, David/Schikowski, Michael (Hrsg.) (2012): S. 143–151.

Wittmann, Reinhard (2019): Geschichte des deutschen Buchhandels. 4., akt. u. erw. Auflage. München: C.H.Beck.

Zweihundert Jahre Deutsche Kulturarbeit im Osten. Gräfe und Unzer – Das Haus der Bücher Königsberg Pr. Geschichte, Bedeutung und Gesicht einer deutschen Buchhandlung (ca. 1934). Königsberg i. Pr.: Gräfe und Unzer.

PERSONENREGISTER

BILDNACHWEIS

Alle Abbildungen sind dem verlagseigenen Archiv entnommen, mit Ausnahme von:
S. 15 Christine Strub, München; S. 25-3 Firma Erhard Brandl, Eitensheim; S. 31 Die Zeit 7.12.1973, Börsenblatt 18.01.1974; S. 33 Josef Resele; S. 53 Jan Wiesemann; S. 58 Christian von Zittwitz, BuchMarkt; S. 59-1 Volker Renner; S. 59-2 Börsenblatt 22.05.91; S. 85 und S. 94 Martina Wandelt; S. 99-1, 102, 107-1, 107-2 Kay Blaschke; S. 111 Buchmarkt; S. 113-1, 113-2, 113-3 Kay Blaschke; S. 151-2; 154-2, 157 BLV Verlag; S. 164 Amazon.

Dank:
Deutsche Nationalbibliothek
Deutsches Buch- und Schriftmuseum / Sammlung Archivalien und Dokumente zur Buchgeschichte
Deutscher Platz 1
04103 Leipzig

BAND 3 DER JUBILÄUMSCHRONIK

Band 3 der Jubiläumschronik *300 Jahre Gräfe und Unzer* ist als E-Book erschienen.
Er enthält die Bibliographie von 1722–2022.

Über den untenstehenden QR-Code bzw. Link gelangen Sie zur Übersichtsseite/Infoseite „300 Jahre Gräfe und Unzer".

Von dort aus haben Sie die Möglichkeit, das E-Book über diverse Shopseiten käuflich zu erwerben.

www.gu.de/300-jahre-graefe-und-unzer

IMPRESSUM

ISBN 978-3-8338-8757-4
BAND 2

1. Auflage 2022

Herausgeber: Dr. Georg Kessler
Autor: Dr. Georg Kessler
Redaktion und Lektorat: Stephanie Wenzel
Bildredaktion: Natascha Klebl, Jan Wiesemann, Anja Kurz, Linda Wiederrecht
Umschlaggestaltung und Layout: ki 36 Editorial Design, München, Sabine Skrobek
Herstellung: Mendy Willerich
Satz und Reproduktion: Longo AG, Bozen
Druck und Bindung: Firmengruppe APPL, Wemding

Wir danken der Firmengruppe APPL für die großzügige Unterstützung bei der Drucklegung dieses Buches.

www.graefe-und-unzer.de
www.gu.de

PEFC-Zertifiziert
Dieses Buch stammt aus nachhaltig bewirtschafteten Wäldern und kontrollierten Quellen.
www.pefc.de
PEFC
PEFC/04-32-0928

Umwelthinweis:
Nachhaltigkeit ist uns sehr wichtig. Der Rohstoff Papier ist in der Buchproduktion hierfür von entscheidender Bedeutung. Daher ist dieses Buch auf PEFC-zertifiziertem Papier gedruckt. PEFC garantiert, dass ökologische, soziale und ökonomische Aspekte in der Verarbeitungskette unabhängig überwacht werden und lückenlos nachvollziehbar sind.

GRÄFE UND UNZER

Ein Unternehmen der
GANSKE VERLAGSGRUPPE